한국형에니어그램

코칭워크북

윤운성, 이지영, 조주영 저

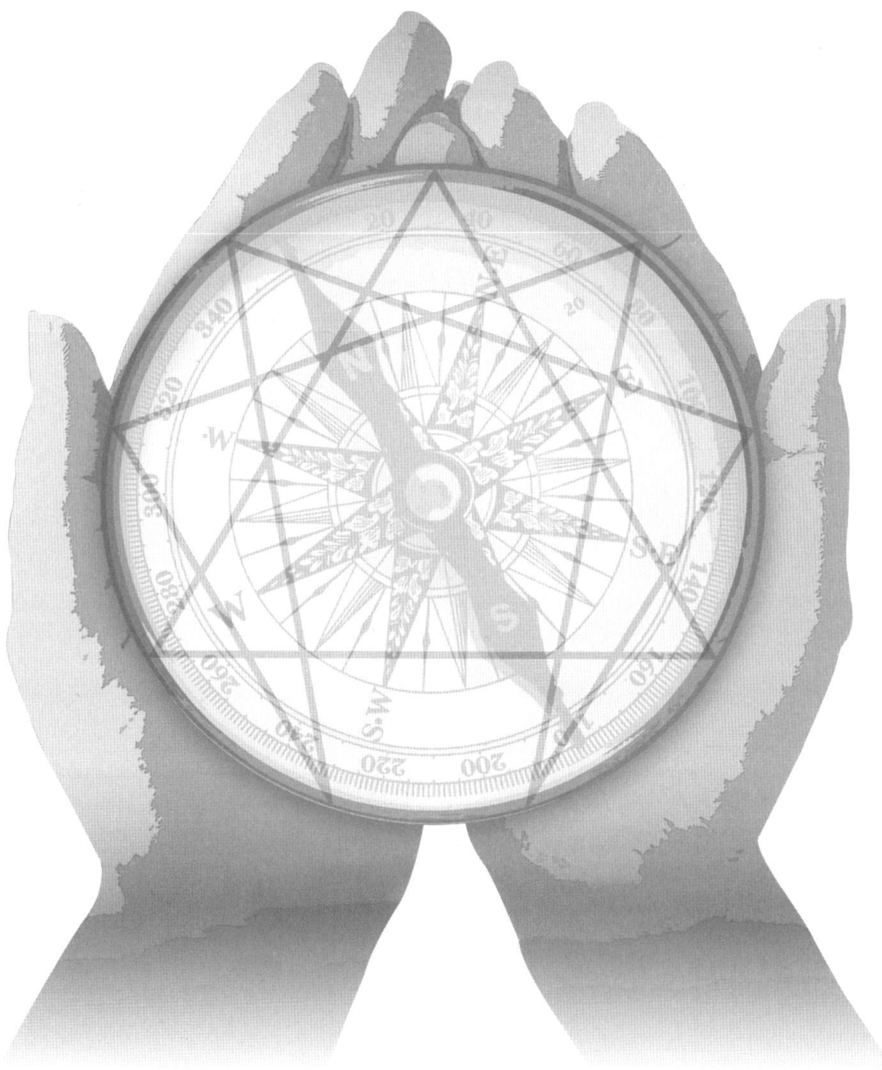

목 차

한국형에니어그램코칭[1)]

단 계	주 제	내 용
1 한국형 에니어그램 코칭 패러다임	1. 한국형에니어그램 코칭 개요	• 한국형에니어그램 이해 : 에니어그램이란? 코칭이란? 한국형에니어그램코칭의 정의 및 필요성 • 한국형에니어그램코칭 목표의 특징 • 한국형에니어그램코칭 핵심원리
	2. 한국형에니어그램 코칭 기본 가정	• 인간관 : 신성한 존재, 성장잠재력의 존재, 자기통합의 존재 • 코칭의 목표 • 변화 메커니즘의 이해
	3. 한국형에니어그램코칭 모델	• 에니어코칭 초대, 목표설정, 열정점검(TFM평가모형), 파워에니어그램, HOLY코치
	4. 한국형에니어그램성격 검사	• 한국형에니어그램 성격검사 • 에니어그램 성격유형에 대한 이해
2 한국형 에니어그램 코칭 파트너십	1. 코칭 파트너십과 라포	• 코칭에서 라포의 정의 • 힘의 중심별 라포 전략
	2. 힘의 중심별 라포 스킬	• 장중심의 라포스킬 : 행동 따라하기 • 가슴중심의 라포스킬 : 가슴 열기 • 머리중심의 라포스킬 : 생각 동의하기
3 한국형 에니어그램 코칭 스킬	1. 머리중심에너지 코칭 스킬 : 질문하기	• 열린 질문, 미래 질문, 긍정 질문, 기적질문 • 에니어그램 성격유형별 질문실습
	2. 가슴중심에너지 코칭 스킬 : 경청하기	• 자기중심적 경청, 코치이 중심 경청, 총체적 경청 • 에니어그램 성격유형별 경청 스킬
	3. 장중심에너지 코칭스킬 : 피드백하기	• 인정 피드백, 발전적 피드백, 머물러주기 • 에니어그램 성격유형별 피드백 스킬
4 한국형 에니어그램 코칭 프로세스	1. 한국형에니어그램코칭 프로세스 이해	• 에니어코칭 초대 : 에니어코칭 구조화, 에니어그램 검사, 에니어코칭 주제탐색 • 목표 설정 : 목표설정의 5단계, 에니어그램 성격유형별 목표설정을 도와주는 코칭 질문 • 열정 점검(TFM평가모형) : 인지다루기(내면비평가, 자아개념, 무의식적 신념), 정서다루기(두려움과 욕망, 악덕), 행동다루기(행동방식) • 파워에니어그램 : 미덕에니어그램, 통합에니어그램 • HOLY 코칭 : 경험을 통찰하기, 영적 성숙으로 가기
	2. 한국형에니어그램코칭 프로세스 훈습	• 한국형에니어그램코칭 사례연구 • 에니어그램코칭 기획안 예시
5 HOLY 에니어그램 코치	1. 한국형에니어그램 코치의 자세	• 통합과 신성, 전문성 • 전인사명서
	2. 윤리 규정	• 코칭의 정의, 윤리행동에 대한 기준 • 한국형에니어그램코칭 윤리서약

1) 본 프로그램은 윤운성, 이지영, 조주영, 최정혜가 2013년 한국에니어그램학회 연차학술대회에서 발표한 "행복더하기 에니어그램코칭 프로그램 개발"을 토대로 하여 만들어진 것이다. 본 프로그램의 운영시수는 코칭의 기본적인 틀을 제시하고자 한 것이다. 실제로 프로그램을 운영할 경우 지도자가 주어진 상황과 여건에 따라 적절히 조절하여 운영하길 권한다.

한국형에니어그램코칭 교육과정

1. 한국형에니어그램코칭의 교육목표

한국형에니어그램코칭의 목표와 프로세스를 이해하고 코칭 스킬을 익혀 코치이의 코칭목표를 달성하도록 돕는다. 궁극적으로는 코치이의 신성 회복을 돕는다.

2. 한국형에니어그램코칭의 교육내용

교육주제	교육내용	방법	지도상유의점	준비물	시간
한국형 에니어그램코칭 패러다임	• 코칭 개요 : 정의 및 필요성, 목표의 특징, 핵심원리 • 코칭 기본 가정 : 인간관, 코칭 목표, 변화 메커니즘의 이해 • 코칭 모델 • 한국형에니어그램 성격검사	강의 질의응답 집단토의	변화의 확신 신성한 존재	펜과 칠판, 워크북, 한국형에니어그램 검사지	1
한국형 에니어그램코칭 파트너십	• 코칭 파트너십과 라포 : 라포 정의, 힘의 중심 별 라포 전략 • 힘의 중심별 라포 스킬	강의 질의응답 집단토의	힘중심이해 라포 기술	펜과 칠판, 워크북, 워크시트	2
한국형 에니어그램코칭 스킬	• 머리중심에너지 코칭 스킬 : 질문하기, 성격유형별 질문 실습 • 가슴중심에너지 코칭 스킬 : 경청하기, 성격유형별 경청 스킬 • 장중심에너지 코칭 스킬 : 피드백하기, 성격유형별 피드백 스킬	강의 질의응답 집단토의	힘중심이해 경청 역량 질문 기술 피드백역량	펜과 칠판, 워크북, 워크시트	3
한국형 에니어그램코칭 프로세스	• 코칭 프로세스 이해: 에니어코칭 초대, 목표 설정, 열정 점검(TFM평가모형), 파워에니어그램, HOLY코치 • 코칭 프로세스 훈습 : 사례연구, 코칭 기획안 작성	강의 질의응답 집단토의	9가지 성격 패턴이해 코칭 기획안 코칭 훈습	펜과 칠판, 워크북, 워크시트	6
한국형 에니어그램코치	• 코치의 자세 : 통합과 신성, 전문성, 전인사명서 • 윤리 규정	강의 질의응답	HOLLY소명 코치사명서	펜과 칠판, 워크북, 워크시트	1
정리 및 평가	• 한국형에니어그램코칭 프로그램 평가 • 자격획득을 위한 과제물 안내	질의응답 평가	코칭을 삶의 현장에 적용	프로그램 평가지	1

Ⅰ. 한국형에니어그램코칭 패러다임

1. 한국형에니어그램코칭 개요

1) 한국형에니어그램 이해

(1) 에니어그램이란?

에니어그램(Enneagram)은 사람을 9가지 성격으로 분류하는 성격 유형 지표이자 인간이해의 틀이다. 넓게 말해서 에니어그램은 우주적 상징이라고 이해할 필요가 있다. 모든 지식이 에니어그램에 포함될 수 있고, 에니어그램의 도움을 받아서 그 모든 지식이 해석될 수 있다(구르지예프).

한국형에니어그램은 윤운성(2001)이 개발한 9가지 성격유형으로 한국인에게 적합한 에니어그램을 전하기 위해 구축한 에니어그램 시스템이다. 고대 동양의 지혜에서 비롯된 인간이해와 성숙의 도구로서 직장, 가족, 친구 사이의 역동을 이해하고 나의 내면을 탐구하는데 유용한 도구이다.

(2) 코칭이란?

개인의 목표를 성취할 수 있도록 자신감과 의욕을 고취시키고, 실력과 잠재력을 최대한 발휘할 수 있도록 돕는 일을 의미한다. '코칭(coaching)'이라는 용어는 커다란 사륜마차를 가리키는 '코치(coach)'로부터 비롯된 것으로, 사람을 목적지까지 운반한다는 의미에서 목표점에 다다를 수 있도록 인도한다는 의미로 변화하였다.

코칭은 코치(coach)와 코치이(coachee)로 이루어지는 전문적 과정이다. 코치는 여러 분야에서 현재의 어려움을 스스로 깨닫고 그것을 극복해 나가는 방법을 찾는 과정을 도와주는 사람이다. 코치이는 코칭을 받는 대상으로 코치이자, 고객(client), 내담자 등으로 부른다.

(3) 한국형에니어그램코칭의 정의 및 필요성

한국형에니어그램코칭이란 '에니어그램 안에서 코치이와 코치가 파트너가 되어 서로 협력하여 문제를 해결해가는 과정, 그리고 스스로 신성을 추구하도록 돕는 것'이다. 한국형에니어그램코칭의 필요성은 다음과 같다(Howe-Murphy, 2007).

① **사람들은 자신의 개인적인 혹은 직업적인 목적을 이루는데 도움이 필요하다고 느끼기 때문에 코치를 찾는다.** 그들은 자신의 목적을 이루는 데 어떤 방법을 취해야 한다고 생각하지만, 대부분은 그 방법이 어떤 것인지 알지 못한다. 코치와 코치이는 성과를 내기 위해 짧게는 몇 주, 길게는 몇 달을 함께 노력한다. 하지만 코치가 코치이의 근본 신념과 무의식적 반복 패턴을 찾을 수 있도록 돕지 못하면, 코칭을 통해 큰 성과를 거두기 어렵다. 에니어그램은 이 근본 신념과 역동을 이해하는 가장 훌륭한 도구이다.

② **대부분의 코치들은 사람들이 각기 다른 방식으로 세상을 본다는 것은 알고 있다.** 하지만 그 다른 방식에 대해 밝히고, 그에 대한 일관된 이론의 틀을 제시하지는 못한다. 에니어그램은 코치에게 코치이들이 가진 내면세계를 해석하는 독특한 방법을 이해하는 도구가 될 수 있다. 코치는 에니어그램을 통해 얻은 통찰력으로 신속히 라포 형성을 할 수 있다. 코치이는 자신이 이해받았다고 느끼면, 변화에 대한 거부감이 없어지고 변화를 받아들인다. 그리고 코치이가 자신의 내면세계에 깊이 들어가게 될 때, 코치이는 자신이 방어해야하는 것이 그리 많지 않다고 의식적으로든 무의식적으로든 알게 된다.

③ **코칭을 할 때 코치이들은 자신이 바라는 것을 이야기하기 보다는, 주로 '다른 사람들은 왜 그렇게 행동할까'에 대해 이야기한다.** 여기서 '다른 사람들도 나와 같아서, 그 상황이라면 나처럼 행동할거야'라는 내면의 가정을 찾을 수 있다. 이처럼 사람들은 다름을 받아들이기 어려워한다. 다름을 틀림으로 해석하기 때문이다.

그러나 에니어그램은 서로 다른 성격유형에 대한 통찰력과 이해를 제공하면서 자신의 만든 세계관에서 벗어나도록 돕는다. 그 결과 세계관의 차이가 사람들이 할 수 있는 대응 방법에 변화를 줄 수 있다는 것을 깨닫도록 한다.

④ **개인이 가진 세계관은 그가 가진 경직된 자아상과 깊은 관계가 있다.** 경직된 자아상은 환경에 반응할 때 늘 하던 대로 해도 된다고 생각하게 만든다. 사람들이 경직된 자아상을 너무 믿기 때문에 자신이 화를 내거나, 경직되거나, 공격적이어도 괜찮다고 생각한다. 에니어그램은 사람들이 가진 경직된 자아상에 대해 알려주고, 그 자아상에서 벗어나는 방법을 제시한다. 사람들은 그 방법을 습득하여 다양한 상황에서 대응할 수 있는 유연성을 갖게 된다. 결과적으로 살아가면서 겪는 갈등을 줄이고, 평화를 찾을 수 있다.

⑤ **코치들은 코치이가 호소하는 이야기를 잠깐만 집중해도, 사람들이 스스로에게 얼마나 상냥하지 못한지 알게 된다.** 이와 같은 내면에서 들리는 비판의 소리는 개인의 유형과 관계가 깊다. 성숙한 성인에게 내면에서 들리는 비판의 소리는 별반 도움이 되지 못한다. 코치는 에니어그램을 활용하여 코치이가 이 사실을 이해하고, 비난의 소리를 줄이도록 도울 수 있다.

⑥ **많은 사람들은 자신이 무언가 부족하거나 잘못되었다고 생각한다.** 이런 생각 때문에 사람들은 자신이 구제불능이며, 그 모습을 감추어야한다고 느낀다. 그리고 그런 생각을 믿게 되면, 사람들은 정말 구제불능인 사람처럼 생각하고, 느끼고, 말하고, 행동하게 된다. 에니어그램에서는 사람들이 이미 자신이 필요한 모든 것을 갖추었다고 본다. 에니어그램은 사람들이 잃어버렸다고 생각했던(실은 처음부터 갖고 있었지만) 자신을 찾게 되고, 그 전까지 갖고 있던 자신을 버리도록 돕는다.

2) 한국형에니어그램코칭 목표의 특징

한국형에니어그램코칭 목표의 특징은 머리, 가슴, 장중심 에너지의 통합을 지향하는 것으로 구체적으로 표현하면 아래 [그림 1]과 같다. 즉, 머리중심 에너지로서 신성을 추구하고, 가슴중심에너지로서 셀프코치를 양성하며, 장중심에너지로 지속적 변화를 추구한다. 또한 궁극적으로 이 세 중심에너지의 통합과 조화로움을 지향하는 것이 한국형에니어그램코칭 목표의 특징이다.

[그림1] 한국형에니어그램코칭 목표의 특징

① 신성 추구

한국형에니어그램코칭이 지향하는 목표의 첫 번째 특징은 신성의 추구이다. 여기에서 신성이란 자아초월적 개념이다. 인간의 중심에 모셔져 있는 자신으로 돌아가는 것이고, 그것은 곧 자기 안의 신을 체험하게 된다는 의미이기 때문이다. 신성은 다른 표현으로 '자아중심성(egocentricity)'으로부터의 해방이라고 할 수 있다(박범석, 2005). 즉, 에니어그램 코칭 관점으로 표현하면 자아에 대한 특정한 집착이나 고착으로부터 탈피하는 것이다.

② 셀프코치 양성

한국형에니어그램코칭이 지향하는 목표의 두 번째 특징은 셀프코치의 양성이다. 좋은 코칭은 코칭 기간 내내 코치이로 하여금 자신이 배운 것을 어떻게 자기 것으로 만들고 활용할지 깊이 생각하도록 만든다. 코칭 과정을 통해 배운 기술들을 체득하여 머릿속에만 머무는 것이 아닌 몸의 일부가 되어 행동으로 옮기도록 돕는다. 그러기 위해서는 코치이 스스로 자신과 관계하는 방법을 통해 보다 풍요로워지도록 셀프코칭을 익히도록 도와야 한다. 따라서 한국형에니어그램코칭은 코치이 자신이 스스로의 능력을 개발하고 셀프코칭을 지향하는 프로그램인 것이다. 이렇듯 셀프코치를 지향함으로써 코치이가 수동적으로 코칭을 받는 입장에서 능동적으로 코칭을 받을 준비를 하는 입장으로 바뀌게 될 것이다. 특히 'HOLY'한 셀프코치로서 자기 안의 신성을 지향하고 끊임없이 수련하게 된다.

③ 지속적 변화 추구

한국형에니어그램코칭이 지향하는 목표의 세 번째 특징은 지속적인 변화의 추구이다. 인간은 본성적으로 변화를 싫어한다. 변화에 대해 우선적으로 저항하는 것이 인간의 특질이다. 하지만 변화하지 않는다는 의미는 머물러 있겠다는 의미이고, 이는 요즘과 같이 급격하게 변화하는 시대에 있어서 도태되겠다는 것이다. 따라서 지속적 변화에 대한 의지는 중요하다. 오늘보다 나은 내일을 꿈꾼다면 지속적 변화의 과정이 우리 삶 속에 스며들게 해야 한다. 이러한 변화의 과정을 통해 1년 뒤, 5년 뒤 우리가 긍정적으로 변해가는 과정을 느낄 수 있을 것이다. 현재의 번영은 과거 변화의 결과이며, 그 누구도 우리의 미래를 보장하지 않기 때문에 우리는 변화해야 한다.

3) 한국형에니어그램코칭 핵심원리

① Aware : 자기의 본질을 자각하고 깨움으로써 목표도달

모든 사람에게는 궁극적으로 근원과 참된 정체성을 발견하고자하는 경향이 있다. 이는 우리가 자신이라고 잘못 동일시했던 것을 봄으로써 시작할 수 있다. 자신의 모든 생각, 마음이 지어낸 이야기, 정서 그리고 신체의 감각들을 직접 조사하면 그것들은 우리의 참모습이 아니라는 것을 알게 된다. 모든 지각과 경험을 일으키는 의식이 바로 우리 자신이다. 우리 자신의 상태에 대한 자각이 결여되면 상황에 대한 판단이 불분명하고 흐릿하여 무엇을 어떻게 할지 난감해진다. 자신의 필요성이 무엇인지 모르겠고 그 상황에서 어떻게 행동해야할지 당혹스럽다. 이때 필요한 기술이 현재의 경험에 대해서 존재하는 그대로 자각하는 알아차림이다. 알아차림은 자신과 접촉하는 중요한 수단이다. 효과적인 알아차림은 자신을 아는 것뿐만 아니라 현 상황을 직접 알고, 그 상황에서 자신이 어떠한지도 아는 것이다. 알아차림에는 자기것으로 인정하기, 즉 자신의 행동과 감정에 대한 자신의 통제와 선택과 책임을 아는 과정이 수반된다. 오로지 자신이 한 선택과 책임을 통해 진정으로 자신의 원하는 것을 성취할 수 있게 된다. 자기 자신이 아닌 사람이 되려고 노력하면 할수록 인간은 더욱 같은 상태에 머물게 된다. 변화는 자신이 아닌 것이 되려고 노력할 때가 아니라 있는 그대로의 자신이 될 때 일어난다.

② Here & Now : 현존 + 과정 중심

지금 여기에 존재하라. 지금 여기에 존재하기 위해서는 마음을 멈추고 생각을 끊어야 한다. 우리가 진심으로 아름다움에 매료되었던 순간을 떠올려보면, 그 순간은 잡념이 없는 마음이 정지된 순간이었음을 알 수 있다. 걱정을 하면서 아름다움을 느끼는 것은 불가능하다. 당신은 지금이 아닌 곳에서 일어나는 어떤 것을 경험하거나 생각하거나 느껴본 적이 있는가. 대답은 자명하다. 우리는 지금이라는 시간 밖에서는 존재할 수 없다. 지금 이 순간이야말로 보고 느끼고 즐기고 웃고 음미할 수 있는 유일한 순간이다. 지금이 아닌 곳에서 일어나는 일은 아무것도 없다. 실제로 과거와 미래의 일도 '지금' 일어나고 있는 것이기 때문이다. 행복, 충만감 그리고 깨달음에 이르는 열쇠는 바로 미래에 대한 수많은 생각들을 멈추고 지금 여기에 머무를 때 이루어질 수 있다.

> "옛말에 이런 게 있지. 어제는 역사이고 내일은 신비다. 하지만 오늘은 선물이다. 그래서 우리는 현재를 선물이라 부른다. *(There's a saying. Yesterday is HISTORY, tomorrow is MYSTERY, But today is GIFT. That is why it is called the PRESENT.)*"
>
> –영화 〈쿵푸 팬더〉 중에서–

③ 행위 + 존재론적 접근 : Doing & Being

코칭에서의 성과는 코치이의 행동의 변화와 직결이 되고 행동에 포커스를 맞추게 된다. 그러나 바람직한 행동을 유도하는 가장 좋은 방법은 행동보다는 그 사람 자체에 포커스를 맞추는 것이다. 즉, 그 사람에 대해서 잘 파악하고 무엇이 그 사람의 'Being'을 잘 표현하는 것인지 살펴보는 것이 선행되어야 한다. 그러나 'Being'과 'Doing'은 충돌하는 개념은 아니다. Being에 뿌리 내린 Doing은 진실하며 충만하다. 하지만 Being에 뿌리 내리지 못한 Doing은 덧없으며 힘겹다. 삶은 중심을 잃고 표면에서 겉돈다. 우리가 항상 being하고 doing 하지 않는다면 이 세상을 어떻게 살아갈 수 있겠는가. 너무 being에 치중하면서 자신은 물론 가족까지 부양하지 못한다면 무슨 소용일까. 또 너무 doing하면서 자신이 왜 존재하는가를 이해하지 못한다면 그것 또한 무슨 소용인가. 따라서 코칭에서는 인생 경험의 총체이며 가치관, 꿈꾸는 미래 모습 등을 아우르는 'Being'과 함께 효과적으로 보이는 행동의 변화인 'Doing'을 합치해야만 진정한 성과를 거둘 수 있다. 자신이 선택한 일을 하면서 매 순간, 매 행위에 자신이 하는 일을 알아차릴 때 그 순간에 'Being & Doing'이 함께 일어난다.

④ 근본적인 변화를 위한 전략적 변곡점 공략 : Strategic inflection point

변곡점은 곡선에서 오목한 모양이 볼록한 모양으로 바뀌거나 그 반대가 되는 지점을 일컫는다. 경영 용어로서 전략적 변곡점(SIP: Strategic Inflection Point)이라는 용어가 있다. 전략적 변곡점이란 기업의 생존과 번영에 있어 근본적인 변화가 일어나는 특정 시기를 일컫는 말이다. 그동안 익숙했던 모든 경쟁구조와 방식이 해체되고 새로운 균형이 등장하는 지점으로 사업 영역에 근본적인 변화가 이루어져야 하는 시점이라고 할 수 있다. 에니어그램코칭에서 전략적 변곡점은 코치이가 이전과는 다른 방식으로 바뀌는 것, 즉 이전과 다르게 생각하고 느끼며 행동하는 것, 극적이고 근본적인 변화가 일어나는 시점을 의미한다. 진정한 변화는 질적인 변화로서 근본적이고 내면적인 변화가 함께 이루어져야 하며 실행하는 결단력이 요구된다. 이럴 경우 변화가 자발적이며 또한, 코치이에게 무리없이 적응되기 때문이다.

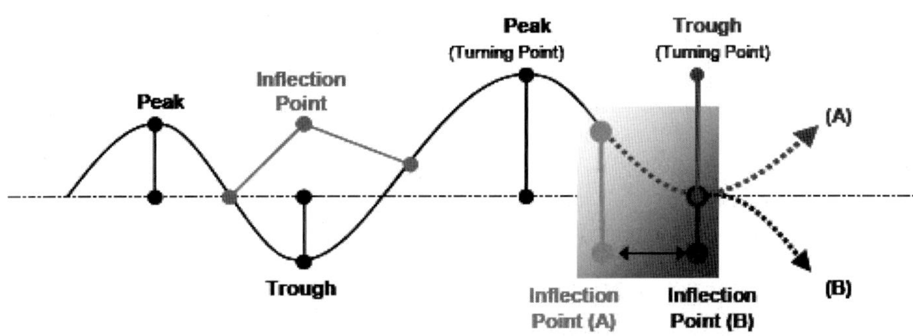

[그림2] 전략적 변곡점(inflection point)

⑤ Integrative & spirituality : 통합적 + 영적 변화모형

통합적 변화모형은 인간의 인지, 정서, 행동 영역의 변화를 균형적이고 조화롭게 지향한다. 통합적 과정의 풍요로움이 코치이에게 더 강한 동기를 부여하게 되고, 그리하여 효과적인 코칭을 한층 더 지속적으로 유지하게 된다. 코치이는 한 가지 영역에 국한된 과정이나 목표보다 유의미한 과업을 위하여 여러 가지 노력을 경주할 수 있는 기회를 갖게 된다. 인간의 여러 기능들은 서로 긴밀한 연관 관계를 갖고 있어 어느 한 영역을 코칭 할 때 다른 나머지 요소들과 같이 상호작용을 하므로 서로 상호보완적으로 통합하여 다루는 것이 더 효율적이다. 어느 한 문제나 영역을 독립적으로 다루는 것은 코치이의 잠재력을 제한시키는 결과를 가져올 수 있다. 또한 에니어그램코칭은 영적 변화모형이다. 인간은 궁극적으로 영적인 면을 변화시키고자 하는 의지를 갖고 있다. 21세기는 가치 시대에서 감정의 시대로, 더 나아가 정신적인 영성의 시대로 인류의식이 진화되고 있다. 이미 미래학자들은 대중이 공유한 공전지식이나 정보는 폐기 처분되고 더 이상의 재산 가치가 없으며 새로운 미래지식만이 진정한 자산으로 작용한다고 주장한다. 새로운 미래지식의 관점에서 볼 때 부자는 물질과 부로서 축적된 화폐나 주식, 토지 등의 자신이 아닌 정신적인 가치, 의식적인 높은 가치와 영성적인 안내자 구루가 진정한 부자임을 예견하고 있다.

4) 한국형에니어그램코칭의 기본 철학

① 신성은 자기의 본질에 충실할 때 발휘된다.

② 참 자기는 개인을 넘어 타인과 공동체를 포괄한다.

③ 참 자기의 확인과 실현을 위해서 파트너(Mirroring partner)가 필요하다.

코칭 활동 1. 한국형에니어그램코칭 소개

[활동 방법]

① 세 사람씩 짝을 지어 앉는다(코치, 코치이, 관찰자).

② 이 세 역할은 한 번씩 돌아가게 된다. 따라서 한 사람이 세 가지 역할을 다 하게 된다.

③ 한국형에니어그램코칭에 대해 개별적으로 생각하는 시간을 갖는다.

④ 코치는 코치이에게 한국형에니어그램코칭을 약 2분 정도 소개한다.

⑤ 관찰자는 말을 하지 말고 두 사람의 태도와 표정을 관찰, 기록만 한다.

⑥ 2분이 지나면 활동을 하면서 느낀 점에 대해 서로 이야기 나눈다.
이 때 관찰자는 기록한 사실에 대해 피드백 한다.

2. 한국형에니어그램코칭 기본가정

1) 한국형에니어그램코칭의 인간관

(1) 신성(神性)한 존재

인간은 신성한 존재로서 자신 안에 우주적인 기운을 내재하고 있다. 그 우주의 에너지는 모든 세상만물을 창조하는 생명력으로 눈에 보이지는 않지만 생생하게 존재하는 실체이다. 이러한 우주적인 기운이 인간에게 내재되어 있지만 자아라는 틀에 가리워 의식되지 않고 느껴지지 않는다. 그럼에도 불구하고 이러한 본질의 기운은 끊임없이 우리의 삶을 통해 표출된다. 자신의 본질을 찾고 내 안의 신과 하나가 되기 위해 자기 내면의 걸림돌이 무엇인지를 비춰주는 도구가 바로 에니어그램이다.

(2) 성장 잠재력을 가진 존재

인간은 누구나 긍정적인 변화를 위한 내면적 동기와 무한한 잠재력을 지니고 있다. 다만 자신의 내면에서 그러한 가능성과 잠재력을 믿고 끌어올릴 수 있느냐 여부의 차이가 있을 뿐이다. 실생활에서 활용하지 않으면 웅크린 잠재력은 실력으로 승화되지 못한다. 코칭은 개인의 잠재력을 발휘하고 스스로 배울 수 있도록 돕는 전문적 과정이다. 따라서 상담이 힐링(healing)을 위한 도구라면 코칭은 성장(growth)을 위한 도구가 된다.

(3) 자기통합(self-unity)의 존재

에니어그램에서는 인간을 자아실현적 존재라기보다는 자기통합적 존재로 본다. 자아실현(self-realization)이 자기 안의 최상의 가능성을 실현하는 것이라면, 자기

통합이란 인간 내면의 다차원적인 요소들을 하나의 완결된 경험으로 인도하는 것이다. 즉, 분열되어 있는 요인들을 전체로서의 생명력 있는 유기체로서 존중하는 관점이다. 자기통합적 인간은 고정되거나 정적인 형태로 단일화되어 있지 않기 때문에 역동적 차원에서 끊임없이 성장하는 존재이다. 분열과 불일치의 상태에서 벗어나 통합을 추구하려는 방향성을 가지고 있다. 개별적인 경험이 조화롭게 전체를 이룰 때 더 큰 성장으로 나아갈 수 있으며, 균열되거나 불일치할 때는 성장을 저해하게 된다. 이러한 자아의 통합을 통한 성장의 역동성은 에니어그램이 고정된 어떤 상태를 유지하는 것이 아니라 끊임없는 통합의 방향으로 순환하고 변화하는 모습과 상통한다. 에니어그램의 아홉 가지 성격유형은 통합의 방향(1–7–5–8–2–4–1, 9–3–6–9)을 향해 나가는 모습을 반영한다. 다시 말하면 에니어그램의 번호들은 각각의 성격에 분열과 통합의 방향 순서로 연결되어 있다. 각 유형이 상호 단절되거나 반대되는 것이 아니라 상호 연결되어있는 전체로서 순환하고 있다는 것이 자아 통합의 역동성을 잘 나타내주고 있다. 따라서 통합은 어느 하나로 경직된 획일적인 전체가 아니라 끊임없이 균형과 조화를 추구하기 위한 역동적인 상호작용적 순환관계라고 표현할 수 있을 것이다(박범석, 2005).

2) 한국형에니어그램코칭의 목표

한국형에니어그램코칭의 궁극적인 목표는 코치이의 전인적인 인격의 완성, 즉 타고난 본질인 신성의 추구를 지향한다. 이는 '자기 관찰(observation)'에서 '이해(understarnding)', '변형(transformation)'이라는 일련의 목표를 통해 통합적인 본질의 방향인 신성을 지향하고 있다. 에니어그램코칭은 자신을 관찰하고 이해, 수용하여 변형하는 작업을 통해 자신에 대한 통찰을 얻을 수 있게 됨은 물론 자신의 타고난 잠재력을 알게 되면서 자신감을 가질 수 있다. 이러한 자신감은 긍정적 자아상을 가지게 됨으로써 행복한 삶을 영위할 수 있도록 하며, 모든 일에 주도적으로 열정과 책임을 다할 수 있는 힘이 된다.

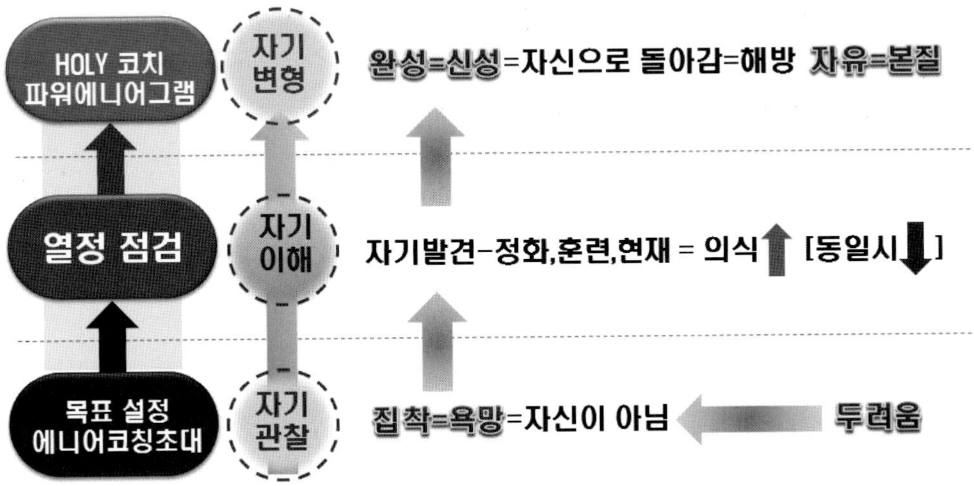

[그림3] 한국형에니어그램코칭의 목표

(1) 자기 관찰(observation)

한국형에니어그램코칭의 첫 번째 목표는 자기관찰이다. 인생을 사는 주체는 나인데 내가 나 자신을 모르는데 어떻게 건강하고 행복한 삶을 구가할 수 있을까? 자기 자신을 모르면 행복을 원하면서도 실제로는 불행을 자초하거나 누리고 있었던 행복마저 쫓아 버릴 수 있다. 따라서 오랫동안 습관화된 나의 삶을 무비판적으로 살펴보는 것을 먼저 해야 한다. 이를 위해 에니어코칭의 초대, 그리고 목표 설정이 필요하다. 우리의 반응은 무의식적 두려움을 해결하려고 작동하는 것이다. 두려움을 해결하려고 집착하게 되면서 자기방어를 하게 되고, 두려움을 해결하려는 욕망을 갖게 되는데 이것이 바로 약점이 되는 과정을 관찰하는 것이다. 자기 관찰의 목표 달성을 위해 코치이가 온전하게 접촉하여 충분히 경험할 수 있도록 기다려주는 인내와 배려가 필요하다.

(2) 자기 이해(understarnding)

한국형에니어그램코칭의 두 번째 목표는 자기이해이며 코칭에서 열정 점검 과정을 뜻한다. 나 자신이 무엇을 동일시하여 집착하고 있는지를 자각함으로써 의식수준을 높이는 것이다. 근본적인 욕구를 실현하기 위해 제각기 다른 방식으로 문제해결을 시도했으며 이것이 집착임을 이해한다. 나는 옳고 너는 틀린 것이 아니라 단지 동기에 차이가 있을 뿐이라는 사실을 알아차리기 시작하면 현실을 가감없이 수용하게 된다. 자기 이해란 자신을 있는 그대로 수용해주는 과정이며 자기 지지를 기본으로 한다. 변화는 자신이 아닌 것이 되려고 노력할 때가 아니라 있는 그대로의 자신이 될 때 일어난다.

(3) 자기 변형(transformation)

한국형에니어그램코칭의 세 번째 목표는 자기변형으로 파워에니어그램을 활용하고 HOLY코치가 되는 것이다. 즉, 수용해준 자신의 모습 속에서 예전과는 변화된 모습을 만나는 과정이다. 내 안에 가려진 신성(神性)을 일깨워 타고난 건강한 에너지를 회복하여 자유를 얻고 자신의 장점을 개발하는 것이다. 자아에 의한 욕망 때문에 가려진 본질을 깨닫게 됨으로써 집착을 소명으로 전환하여 이를 통해 진정한 행복, 진정한 나로 거듭나게 되는 것이다. 살다보면 행복이든 불행이든 모두 남의 탓으로 돌리는 경우가 많다. 그러나 자신을 이해하여 변화시킬 수 있는 사람만이 세상을 변화시킬 수 있다. 에니어그램은 자신을 변화, 변형시키는데 도움을 주는 유용한 도구이다.

3) 변화 메커니즘의 이해

한국형에니어그램코칭에서 변화가 발생하는 메커니즘을 설명해주는 주요 이론적 토대는 학습이론, 상담심리학, 그리고 에니어그램의 원리이다. 주요 이론적 배경을 바탕으로 추출한 한국형에니어그램코칭의 변화 메카니즘의 핵심 키워드는 다음과 같다.

[그림4] 한국형에니어그램코칭 변화 메카니즘

첫째, 한국형에니어그램코칭은 자기주도력을 강조한다. 에니어그램코칭은 단순한 정보와 지식의 전수가 아니라 내적 변화의 과정이다. 내적 변화란 타인의 강요나 외부의 압력과 요구에 의해 시작되는 것이라기보다 자신의 필요와 요구에 따라 이루어진다. 즉, 코치이의 요구에 기초하여 코칭이 진행될 때 성공적으로 목표를 달성해

낼 수 있기 때문에 스스로의 자발적 의지에 따라 코칭에 참여하는 자기주도력이 매우 중요하다.

둘째, 한국형에니어그램코칭은 경험중심이다. 에니어그램코칭은 미래를 위한 준비나 지적인 변화보다는 here&now 생활중심의 문제해결에 중점을 두기 때문에 코치이가 갖고 있는 경험이 가장 중요하다. 즉, 실제 경험을 통한 지식축적을 중요시한다. 따라서 코치이의 삶의 과정에서 축적되어온 경험이 최대의 코칭자원으로 중요시되며, 이 자원들이 코칭의 과정에서 적절히 활용될 수 있도록 강조한다. 코칭이 이루어지는 과정 자체가 중시되며 성과 면에서도 내재적 성과를 측정한다. 이처럼 모든 학습은 경험과 더불어 시작되는데 주된 원리는 계속성과 상호작용성에 있다. 계속성이라는 것은 경험이란 그 당시에 발생한 고립된 사건이 아니라 미래에 이루어질 수 있는 어떤 것을 포함하기도 하고 과거의 경험으로부터도 학습한다는 것을 의미한다. 상호작용성이란 경험은 개인간의 관계를 통해서 이루어질 뿐만 아니라 그가 위치한 상황에 따라 다르게 구성되고 경험하는 사람의 환경을 구성한다는 의미이다. 에니어그램코칭은 코치와 코치이가 상호작용하면서 현재의 사건과 밀접하게 관련되어 있는 코치이의 중요한 과거의 경험 및 미래까지도 다룬다.

셋째, 한국형에니어그램코칭은 구성주의적 패러다임을 지향한다. 변화를 위한 학습은 코치이가 환경과의 능동적인 상호작용을 통해 구성하는 과정이기 때문이다. 구성주의적 패러다임 중 특히 근접발달지대와 비계설정을 중요시한다. 근접발달지대란 코치이에게 친숙한 문제해결방법과 향후에 가능한 것, 알 수 있는 것 사이의 괴리를 말한다. 근접발달지대는 코치와 코치이 간의 대화적 파트너십을 통해 확인된다. 코치는 발판과 같은 비계를 제공하여 코칭 대상이 근접발달지대를 잘 건너갈 수 있도록 한다. 즉, 익숙한 것으로부터 앞으로 익숙해질 수 있는 것으로 향할 수 있도록 하는 것이다. 에니어그램 코치는 비계설정자로서 코치이가 문제를 해결하도록 도움을 주다가 코치이가 점차 스스로 문제를 해결할 때에 이르러 도움을 줄여나가는 방법으로 코칭에서 비계를 제거해 나가는 역할을 한다. 이러한 과정을 통해 코치이는 자신의 행동과 삶을 일구어 나가는데 있어 스스로의 힘을 행사할 수 있는 기반을 마련할 수 있다. 근접발달지대의 비계에서 코치는 코치이가 점진적으로 한 지대에서 다른 지대로 옮겨갈 수 있도록 달성 가능한 과제를 수행하도록 지원한다.

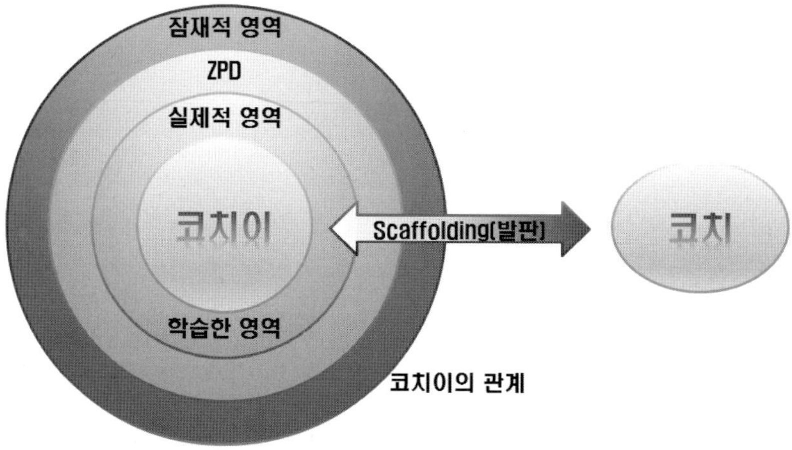

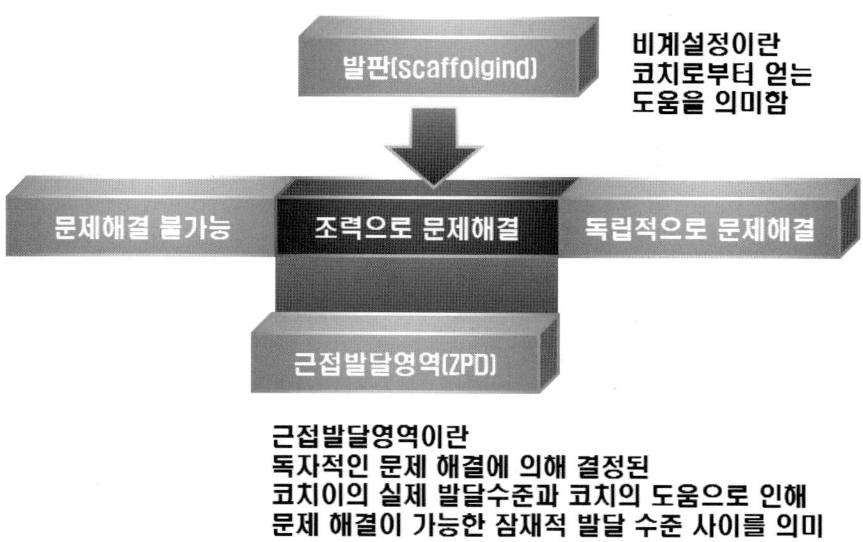

[그림5] 근접발달지대와 비계설정

넷째, 한국형에니어그램코칭은 전환학습이다. 학습을 통해 어떤 사실을 더 알게 되었을지라도 근본적인 변화는 일어나지 않는다. 모든 경험이 변화로 연결되는 것은 아니기 때문이다. 실행을 가로막는 요소들을 제거하기 위해서는 코치이가 살고 있는 세계와 자신에 관한 관점을 근본적으로 변환시켜야 할 필요성이 있다. 따라서 경험의 의미를 재해석하고 새로운 의미를 만들어가는 전환학습의 과정이 필요하다. 최고의 판단을 얻기 위하여 새로운 세계관에 대한 것을 다른 사람과 함께 이야기 하는 가운데 나누며, 새로운 관점 위에서 학습해야 한다.

다섯째, 한국형에니어그램코칭은 신성을 추구한다. 변화의 궁극적 목적은 진정한 본질의 상태인 신성을 지향하는 것이다. 이는 자아증진을 위한 인간의 갈망이며 잠재적으로 지닌 것을 실현하려는 욕망이다. 즉, 신성을 추구한다는 것은 자기의 잠재력과 타고난 본질을 실현시켜 나가는 것인데 그것은 운명이나 소명을 이룩하는 형태를 띠기도 하고, 자기의 본래적 속성에 대해 더 잘 이해하고 수용하는 형태를 띠기도 한다. 그리고 한 인간으로서의 통합을 추구하는 형태를 취한다. 우리는 결국 자기가 될 수 있는 존재가 되어야 하며 이런 욕구를 가진 신성한 존재이다.

3. 한국형에니어그램코칭 모델

한국형에니어그램코칭은 총 5단계로 이루어지며, 특히 〈목표설정-열정점검-파워에니어그램-HOLY코치〉의 코칭 단계는 순환적으로 반복하면서 코치이가 스스로 성장해 나가는 의미를 담고 있다. 각 단계별 특징을 간단하게 살펴보면 다음과 같다.

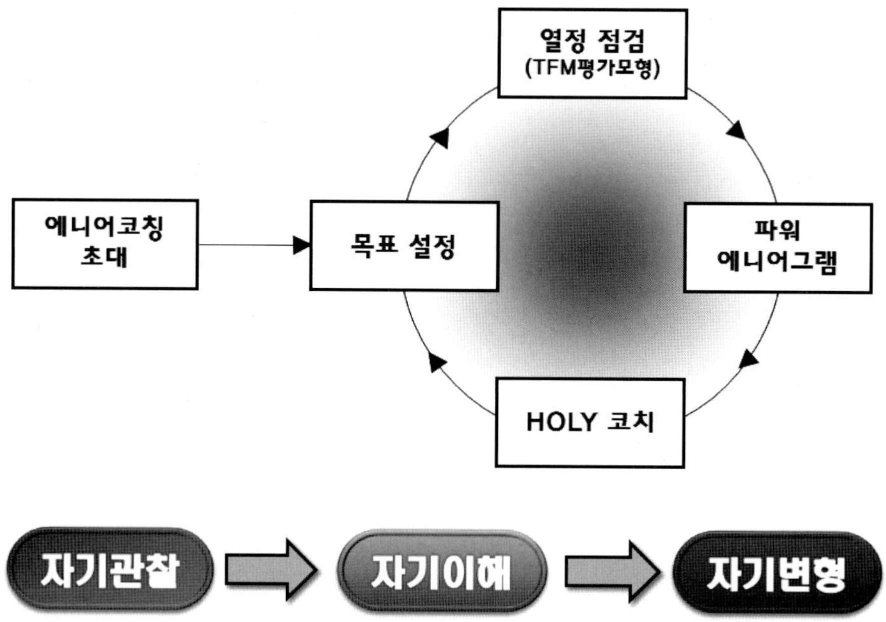

[그림6] 한국형에니어그램코칭 모델

1) 에니어코칭 초대

첫 번째 단계는 에니어코칭 초대이다. 이 단계는 한국형에니어그램성격유형검사를 통해서 코치이를 이해하고 얻고자 하는 코칭의 이슈를 찾는 단계이다. 이때 에니어코치에게 가장 중요한 것은 경청이다.

2) 목표 설정

두 번째 단계는 목표 설정이다. 코칭의 주제를 명료하게 해서 코치이가 코칭을 통해 얻고자 하는 것을 정의하는 단계이다. 코칭에 대한 긍정적 기대 및 신뢰관계를 토대로 코치이의 적극적인 참여가 매우 중요하다. 또한 코치이가 목표에 책임감을 갖는 것이 중요하다.

3) 열정 점검(TFM평가모형)

세 번째 단계는 에니어그램의 열정을 점검하는 단계이다. 이 단계에서는 코치이가 지금까지 사용해왔던 전략을 확인하고 비효율성이 유지되는 이유를 TFM 평가 모형(Thoughts, Feelings, Moving)을 통해 탐색한다. 즉, 비효율적인 전략에 매달릴 수밖에 없는 타당한 이유와 변화를 꺼리는 이유에 대해 탐색한다.

4) 파워 에니어그램

파워 에니어그램은 강박 속에 좋은 부분, 즉 베스트 에너지가 있다는 사실을 믿는 코칭의 네 번째 단계이다. 이 단계에서 코치이는 자신의 미덕과 통합 에니어그램을 익히게 된다. 코치는 코치이가 목표를 분명히 인식하고 실천할 수 있도록 격려한다.

5) HOLY 코치

마지막 단계는 HOLY 코치의 단계이다. 코칭의 성과가 무엇인지 확인하고, 코치이는 자신의 영적 성장을 위한 셀프코치가 된다.

4. 한국형에니어그램성격유형검사(KEPTI)

(1) 한국형에니어그램성격유형검사

- 한국형에니어그램성격유형검사지(KEPTI)는 윤운성 교수에 의해 제작된 한국형 에니어그램 검사로 총 81개 문항으로 구성되어 있다. 그리고 **한국형에니어그램 프로파일과 응답지**가 있다. 모든 문항에는 "옳은" 답은 없다는 것을 기억해야 한다. 이 도구는 당신의 기본성격유형을 발견하려는 것이다.

- 검사의 전반적인 타당도를 분명히 하기 위해서는 정직하고 사려 깊게, 각 항목에서 평상시의 당신의 태도나 감정을 5점 척도로 표기하면 된다. 문항 모두를 빼놓지 말고 주의 깊게 체크해야 한다. 응답하기 어렵다고 몇 개를 빠뜨린다면 대단히 잘못된 결과를 낳을 수 있다. 특별히 곤란한 문항이 있을 수도 있다. 사회가 선호하는 가치관에 초점을 두고 응답하면 자신의 기본유형을 발견하기 어렵다. 검사를 실시하고 점수를 계산하는 데 걸리는 시간은 대략 30분 정도이다.

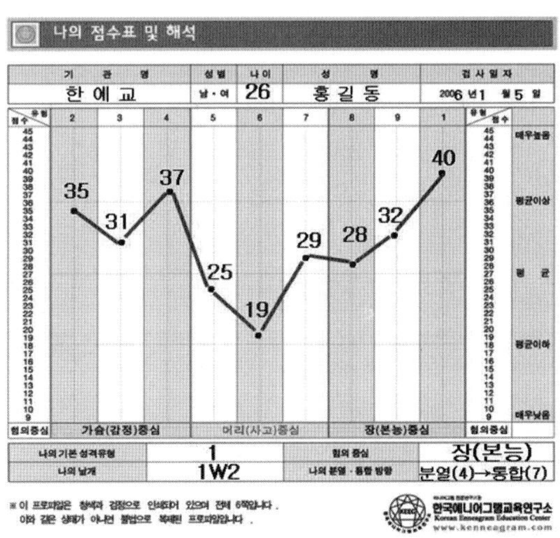

(2) 에니어그램 성격유형에 대한 이해

에니어그램(Enneagram)은 인간 존재의 9가지 길을 보여주는 고대로부터 내려오는 인간관계의 모델이다. 에니어그램의 어원은 그리스어로 'ennea'는 '9'을 의미하며, 'gram'은 그래프 혹은 모형, 선, 점을 뜻하는 단어의 합성어이다. 즉, 에니어그램은 그리스어로 '아홉 개의 점이 있는 그림'을 의미한다(윤운성, 2001c; Riso & Hudson, 1999).

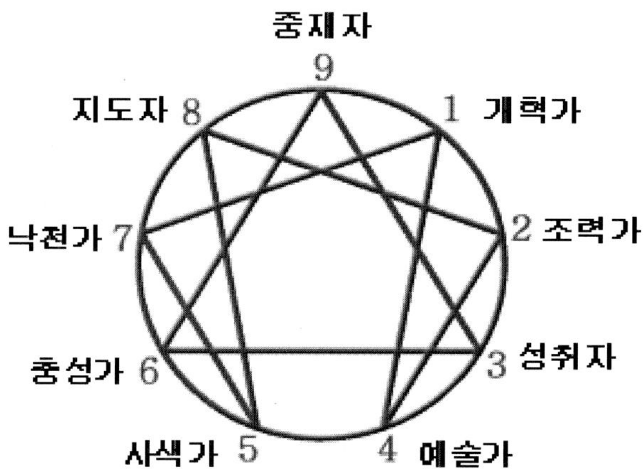

[그림6] 에니어그램 도형

에니어그램은 원안에 9개의 점이 있고 각각 유형이 시계방향으로 나열된 그림을 사용하는 성격유형체계이다.

① 힘의 중심

힘의 중심은 에니어그램의 성격유형을 나누는 가장 기본적인 기준이다. 몸의 에너지가 어디를 중심으로 순환하는지에 따라 장(배) 중심, 가슴 중심, 머리 중심으로 나뉜다. 각 중심은 다시 3개의 유형으로 세분되어 9개의 기본유형을 이루게 된다.

- **장 중심**

  본능과 습관 중추. 현재중심적이며 식도에서 항문에 이르는 하복부와 소화계에 무게중심이 있다. 대개 체격이 건장하고 투쟁적, 도전적인 인상을 준다. 주관심사는 환경에 대한 저항과 통제이며 그로 인해 독립성을 강하게 추구한다. 이들이 주로 느끼는 감정은 분노이다. 장 중심 유형은 다시 8, 9, 1번으로 나뉜다.

- **가슴 중심**

  감정과 정서 중추. 과거중심적이며 심장을 비롯한 순환계에 무게중심이 있다. 둥글둥글한 체격을 가지고 있으며 부드럽고 매력적인 미소가 특징이다. 주관심사는 자아이미지와 인간관계이며 타인에게 인정과 사랑을 받기를 원한다. 이들이 주로 느끼는 감정은 수치심이다. 가슴 중심 유형은 다시 2, 3, 4번으로 나뉜다.

- **머리 중심**

  사고와 논리 중추. 미래중심적이며 뇌와 신경계에 무게중심이 있다. 보통 허약하고 빈약한 인상을 주는 체격이 많다. 주관심사는 객관적 이치와 정보수집이며 안전을 추구한다. 이들이 주로 느끼는 감정은 두려움이다. 머리 중심 유형은 다시 5, 6, 7번으로 나뉜다.

② 9가지 유형

에니어그램의 성격유형은 보통 이 9가지 유형을 일컫는다. 1에서 9까지의 숫자로 명명된 9가지의 유형은 3가지 힘의 중심에서 세분화된 에니어그램의 기본유형이다. 각 유형의 특징을 알기 쉽게 설명하기 위해 많은 학자들이 각자 다른 별칭을 붙이고 있으나 숫자로 부르는 것이 원칙이다. 각 숫자에 좋고 나쁜 가치가 부여되어 있지는 않다. 따라서 숫자가 크다고 좋거나, 작다고 나쁜 성격은 아니다.

☞ 1번 : 이성적이고 완벽주의적인 유형이다. 이들은 스스로의 이상을 실현하기 위한 노력을 아끼지 않는다. 이들의 근본적인 두려움은 부도덕함과 결함이 있는 것에 대한 두려움이다. 이 때문에 완벽하고 올바른 것에 집착한다. 이들은 '완벽주의자', 혹은 '개혁가'라는 별칭을 가지고 있다.

- **1번 유형의 장점** : 매사에 완벽하고 끝맺음이 정확하다. 공정하고 정직하다. 깔끔하다. 자제력이 있다. 믿음직하다.
- **1번 유형의 단점** : 세부사항에 지나치게 집착한다. 지나치게 비판적이다. 인간관계를 별로 중요시하지 않는다. 독선적이고 강박적이다. 매우 완고하다. 사소한 일에 걱정이 많고, 흠잡기를 좋아한다.

☞ 2번 : 매우 사교적이고 남을 도와주기 좋아하는 유형이다. 타인들에 대해 민감하고 예리하기 때문에 남들의 기분을 이해하고 잘 맞춰준다. 이들의 근본적인 두려움은 자신이 사랑받지 못하는 것에 대한 두려움이다. 자신이 사랑받기 위해서 남에게 베푸는 데 집착한다. 이들은 '조력가'라는 별칭을 가지고 있다.

- **2번 유형의 장점** : 정이 많고 마음이 넓다. 친절하고 세심하다. 사람을 잘 돌본다. 눈치가 빠르다. 다른 사람의 기분을 잘 이해하고 칭찬해 준다.
- **2번 유형의 단점** : 헌신의 뒷면에 대가를 바란다는 욕구가 있다. 남을 돌보느라 자신의 문제를 보지 못한다. 뭐든지 돌려서 표현한다. 타인을 조종하고 독점하려 한다. 감정이 너무 강해 논리적이지 못하다. 히스테리가 심하다.

☞ 3번 : 성공과 유능함을 추구하며, 야망이 있고 역할이나 지위에 대해 주목받기를 원하는 유형이다. 또한 실용적이고 실적 중심적이다. 이들은 성공하기 위해서는 몸의 희생도 불사할 수 있으며, 가슴 중심 유형이지만 성공을 위해 감정을 내려놓기도 한다. 이들의 근본적인 두려움은 자신이 가치없는 사람이라는 것에 대한 두려움이다. 그래서 성공에 집착하게 된다. 이들은 '성취자', 혹은 '선동가'라는 별칭을 가지고 있다.

- **3번 유형의 장점** : 유능하고 어디서나 주목받는다. 자신감이 많다. 판단력과 화술이 뛰어나다. 정열적이고 실용적이다.
- **3번 유형의 단점** : 남을 쉽게 믿지 않는다. 자기도취에 빠지기 쉽다. 자만과 잘난척이 심하다. 지나치게 경쟁적이고 적대적이다. '성공이냐 실패냐'만을 인생의 가치로 본다. 약삭빠르고 자신에게 이익이 되는 행동만을 한다.

☞ 4번 : 매우 자기중심적이며 예술적이고 독특한 것을 추구하는 유형이다. 수줍음이 많고, 감동적인 것을 추구한다. 타인에 대한 이해심이 많지만 자기를 꾸미는 데 더 많은 에너지를 소모한다. 평범한 것을 거부하고 결코 현재에 만족하지 않는다. 이들의 근본적인 두려움은 인정받지 못하는 것에 대한 두려움이다. 타인에게 인정받기 위해 다른 사람과 다른 것을 추구하고 특별한 사람이 되고자 한다. 이들은 '예술가', 혹은 '개인주의자'라는 별칭을 가지고 있다.

- **4번 유형의 장점** : 따뜻하고 이해심이 많다. 자기성찰이 뛰어나다. 독창적이고 개성이 뚜렷하다. 예술적 재능이 있다. 감수성이 풍부하다.
- **4번 유형의 단점** : 사소한 일에도 쉽게 상처받고 우울해진다. 자의식과 죄책감이 지나치게 심하다. 지나치게 내성적이다. 쉽게 고민에 빠진다. 질투심이 심하다. 감정의 기복이 심하다. 자신에게 지나치게 몰입해서 다른 사람에게 무심하다.

☞ 5번 : 분석력과 통찰력이 있고 지식을 탐구하는 것을 좋아하는 유형이다. 객관적이고 관찰력이 뛰어나다. 말수가 적고 조심스러운 행동을 보이기도 한다. 혼자 있는 것을 즐기며, 혼자만의 시간과 공간을 중요시한다. 그래서 사생활에 대해 경계심이 강하다. 이들의 근본적인 두려움은 자신이 무능한 사람이라는 것에 대한 두려움이다. 유능한 사람이 되기 위해 지식과 정보수집에 집착한다. 이들은 '사색가', 혹은 '관찰자'라는 별칭을 가지고 있다.

- **5번 유형의 장점** : 분석적이고 객관적이다. 현명하다. 끈기가 있다. 통찰력과 자제력이 뛰어나다. 지적이고 사려깊다. 지식이 풍부하다.
- **5번 유형의 단점** : 오만하고 고집이 세다. 지식을 나누기를 아까워한다. 흠잡기를 좋아한다. 지나치게 내성적이고 소극적이다. 참여하지도 않은 일에 대해 한걸음 물러서서 판단만 한다. 행동하기 전에 항상 생각하지만 생각을 너무 하느라 막상 행동하지 못할 때가 많다.

☞ 6번 : 폐쇄적이고 겁이 많으며, 짜여진 지침과 틀에 잘 적응하는 유형이다. 책임감이 강하고 안전을 추구하며, 전통이나 단체, 혹은 친구에게 특히 충실하다. 협동심이 강하고 주위로부터 믿음직하다는 이야기를 많이 듣는다. 이들의 근본적인 두려움은 다른 사람의 도움을 받지 못하는 것에 대한 두려움이다. 따라서 자신을 옳은 방향으로 가이드해 줄 사람에게는 남다른 충성심을 보인다. 이들은 '충성가'라는 별칭을 가지고 있다.

- **6번 유형의 장점** : 규범과 규칙에 충실하다. 공동체의식이 강하다. 주변과 조화롭게 지낸다. 정이 많고 다른 사람을 잘 돌본다. 책임감이 있다. 상대방에게 호감을 준다.
- **6번 유형의 단점** : 지나치게 신중하다. 피해망상적이다. 자기방어가 심하다. 사고에 융통성이 없다. 화를 잘 낸다. 안전하고 확실한 것이 아니면 절대 하지 않는다. 자신감과 주체성이 없이 남이 시키는 대로만 하려고 한다. 우유부단하다. 지나치게 보수적이다. 자립심이 부족하다.

☞ 7번 : 낙천적이고 명랑하고 아이디어가 넘치는 유형이다. 자기도취적인 면이 다소 있으며 언제나 쾌락과 재미를 추구한다. 무언가에 도전하기를 좋아해서 남다른 재능이 많다. 아이디어가 많지만 그 아이디어의 질을 생각하지 않는다. 이들의 근본적인 두려움은 고통 받는 것에 대한 두려움이다. 자신이 고통받지 않고 불행해지지 않기 위해 어떤 일에서든 즐거움을 찾으려고 노력한다. 이들은 '낙천가', 혹은 '만능가'라는 별칭을 가지고 있다.

- **7번 유형의 장점** : 항상 남들을 즐겁게 해 준다. 자신감과 자주성이 강하다. 상상력과 호기심이 많다. 건설적이고 변화를 추구한다. 다재다능하다.
- **7번 유형의 단점** : 지나치게 자기도취적이고 충동적이다. 한 가지에 오래 집중하지 못한다. 낙관주의가 과장되어 있다. 깊은 인간관계를 회피하는 경향이 있다. 쉽게 열광적인 상태에 빠진다. 고통에 대한 공포가 지나치게 심하다.

☞ 8번 : 리더십이 강하고 권력과 승리를 추구하는 유형이다. 이들은 자신이 옳다고 생각하는 것에 대해서는 모든 것을 걸고 싸울 준비가 되어 있다. 나는 강하고 힘이 넘친다는 자아이미지를 가지고 있어 자신의 힘을 발휘할 수 있는 위치에 올라가려고 노력한다. 이들의 근본적인 두려움은 통제당하는 것에 대한 두려움이다. 통제당하지 않기 위해 거꾸로 남을 통제하는 데 집착한다. 이들은 '지도자'라는 별칭을 가지고 있다.

- **8번 유형의 장점** : 단도직입적이고 단호하다. 권위있다. 자신감이 넘치고 성실하다. 게으름을 피우지 않는다. 상대방에게 안정감을 준다. 남다른 행동력이 있다.
- **8번 유형의 단점** : 남을 조종하려 한다. 지나치게 반항적이고 오만하다. 고집이 세다. 자신이 원하는 것만을 중요하게 생각한다. 자신만의 정의를 너무 추구한다. 자신의 행동을 부끄러워하지 않는다. 자신의 약점과 한계를 인정하지 않는다. 파괴적이고 독재적이다. 자신의 몸만을 지키려 하기 때문에 동료를 쉽게 버린다.

☞ 9번 : 안정과 평화를 추구하고 넓은 포용력을 가진 유형이다. 갈등이나 긴장을 피하는 사람들이며 주위 사람들의 영향을 쉽게 받는다. 편견이 없고 냉정하게 생각하기 때문에 다른 사람의 고민을 잘 들어주기도 한다. 어떤 상황이 와도 불만을 표출하지 않으며 언제나 만족감에 차 있다. 이들의 근본적인 두려움은 혼자 남겨지는 것에 대한 두려움이다. 친구와 동료를 잃지 않기 위해 평화로운 것에 집착한다. 이들은 '중재자', 혹은 '평화주의자'라는 별칭을 가지고 있다.

- **9번 유형의 장점** : 붙임성이 있고 온순하다. 인내심이 강하다. 포용력이 많다. 편견이 없다. 타인의 입장에서 생각한다.
- **9번 유형의 단점** : 현실적인 대처능력이 부족하다. 자신에게 무관심하다. 강박관념이 심하다. 둔감하고 수동적이다. 타인에게 지나치게 쉽게 동일시한다. 자신의 의견을 표현하지 못한다. 자아존중감이 낮다. 게으르고 나태하다.

코칭 활동 2. 코치이의 성격유형에 대한 해석

[활동 방법]

① 세 사람씩 짝을 지어 앉는다(코치, 코치이, 관찰자).

② 이 세 역할은 한 번씩 돌아가게 된다. 따라서 한 사람이 세 가지 역할을 다 하게 된다.

③ 에니어그램 성격유형에 대해 개별적으로 생각하는 시간을 갖는다.

④ 코치는 코치이의 성격유형을 약 3분 정도 해석해 준다.

⑤ 관찰자는 말을 하지 말고 두 사람의 태도와 표정을 관찰, 기록만 한다.

⑥ 3분이 지나면 활동을 하면서 느낀 점에 대해 서로 이야기 나눈다.
이 때 관찰자는 기록한 사실에 대해 피드백 한다.

Ⅱ. 한국형에니어그램코칭 파트너십

1. 코칭 파트너십과 라포

코칭에서 파트너십(partnership), 즉 관계 형성은 코치와 코치이가 상호 신뢰하며 함께 정해진 목표를 향해 지원하며 나아가기 위해 필요한 관계를 쌓는 것이다. 코칭 파트너십이 잘 형성되었을 경우에는 코칭 초기부터 코치와 코치이가 목표를 향해 빨리 나아갈 수 있다. 코치에 대한 신뢰가 형성되었을 때 코치이는 자신의 변화에 대하여 열린 마음으로 대하며, 코치와의 상호작용 속에서 긍정적인 영향을 수용할 의지를 보인다. 결론적으로 성공적인 코칭의 가장 중요한 요소 중 하나는 코치와 코치이 간의 신뢰, 비밀 유지 그리고 코치의 능력이 잘 조화된 '코칭 파트너십'이다. 이러한 코칭 파트너십의 기본은 바로 라포이다.

1) 코칭에서 라포의 정의

코칭에서 신뢰감을 형성하는 것은 '라포(rapport)' 또는 '친밀감을 형성한다'라고 말한다. 라포의 핵심은 코치이에게 행위적으로 친절하게 하는 것에 그치지 않고 마음속으로 믿고 의지할 수 있는 편안한 상태를 만드는가의 여부이다. 즉 마음 속 깊이 상대방을 수용하고 존중할 수 있느냐의 문제인 것이다. 마음 속의 내용이 겉에 드러나기 마련이므로 코치는 궁극적으로 사람에 대한 존중과 수용의 마음을 키워야 한다. 코칭에서의 라포 형성을 위한 노력은 처음부터 코칭세션이 끝날 때까지 지속되는 과정이다. 라포는 코치와 코치이의 결속을 높여 주며, 예측가능성을 높여서 문제해결에 도움이 된다. 또한 갈등을 줄여주며, 관계의 긴장을 완화시켜 안전감을 높여주기 때문에 효과적 코칭을 위해 꼭 필요한 전제조건이다.

2) 힘의 중심별 라포 전략

에니어그램은 모든 사람들이 무의식적으로 취하는 에너지의 근원을 가지고 있기 때문에 똑같은 상황에서도 사람마다 각각 반응이 모두 다르다고 본다. 에너지의 근원은 크게 세 가지 유형으로 분류할 수 있는데 이를 '힘의중심'이라고 한다. 에니어그램에 의하면 우리는 장(본능), 가슴(감정), 머리(사고)의 세 부분으로부터 에너지를 취한다. 효과적인 라포전략을 위해 먼저 에니어그램 힘의중심별 특성을 간단히 살펴보면 다음과 같다.

중심	유형	신체	성격	인상	감정	감각	관심	상황파악	의사결정
장	8 9 1	소화기	적대적, 성적, 본능적, 자발적	단호한 눈매, 도전적 안색	분노, 공격적	청각 후각	자신 힘 현재	진행하는 일 현실조정 통제	당연 의무 원칙
가슴	2 3 4	순환기	사회적, 사교적, 인간중심	매력적인 미소, 온화	수치심, 사회적	촉각 미각	인간 상징 의식 과거	직관적 감정적 타인관심	관여된 사람
머리	5 6 7	머리 중앙신경조직	자기보존, 사고, 지식	부끄럼, 소심	공포, 보존적	시각	수수께끼, 전반 미래	관찰 비교, 분석, 내성적	논리적 이성적

[그림8] 에니어그램 힘의중심별 특성

라포를 형성하기 위해서는 코치이의 감정, 사고, 행동을 이해할 수 있는 공감대 형성이 필요한데 이때 코치이의 에너지 근원을 아는 것은 중요하다. 힘의 중심별로 어떤 상황이나 자극에 부딪쳤을 때 나타나는 코치이 고유의 내재화된 반응 양식, 즉 에너지가 작용하는 방식을 이해함으로써 코치이에 대한 관심, 따뜻한 배려, 온정적 수용, 편안한 공간 등을 적절히 제공하여 라포 형성을 효율적으로 도와줄 수 있다. 코치와 코치이 간 라포를 효율적으로 형성할 수 도와주는 에니어그램 힘의 중심별 라포 전략을 살펴보면 다음과 같다.

(1) 장중심 라포 전략

장중심 코치이를 이해하고 효과적으로 소통하기 위해 장중심의 라포 전략인 직접적인 행동, 통제, 정직과 명확성 이슈에 초점을 맞춘다.

① **직접적인 행동** : 장중심 코치이(8, 9, 1번)는 구체적이고, 직접적인 행동결과를 코칭과정의 매우 초기단계부터 기대한다. 따라서 코치들은 모든 코칭 과정에서 행동화가 되도록 코칭 할 필요가 있다.

② **통제** : 코칭경험을 통제하고 있다고 느끼기를 원한다. 그렇지 않으면 분노, 무반응, 비타협적인 태도로 이어진다. 명확한 코칭의 과정과 앞으로의 코칭방향을 아는 것을 다른 유형들보다 훨씬 좋아한다.

③ **정직과 명확성** : 정직은 매우 중요한 가치이다. 장유형은 본능적으로 다른 사람들에게서 신뢰성을 감지한다. 코치들은 특히 솔직할 필요가 있고 동시에 존경할 줄도 알아야 한다.

(2) 가슴중심 라포 전략

코칭관계, 가치와 위신, 다른 사람들의 반응 이슈에 대해 초점을 맞춘다.

① **코칭관계** : 가슴중심 코치이(2, 3, 4번)는 코칭관계의 감정적인 분위기에 훨씬 더 많이 집중하므로 코치들은 무심코 부정적으로 의사소통하지 않도록 코치이의 비언어적인 단서에 집중할 필요가 있다.

② **가치와 위신** : 코칭의 가치 및 특권을 더 많이 강조한다. 지위와 특권 같은 외면적 요소로 인해 코칭에 만족하지 않는 경우도 많으므로 세심한 배려가 필요하다

③ **다른 사람들의 반응** : 다른 사람들에게 어떻게 보이는지에 대해 걱정할 가능성이 가장 높다. 그래서 실제 문제를 인식하기가 어려울 수 있다. 또한 부정적인 피드백에 대한 예민함 때문에 객관적이면서도 지지해줄 수 있는 방식으로 피드백 하는 것이 중요하다.

(3) 머리중심 라포 전략

불안, 신뢰, 과잉분석 이슈에 대해 초점을 맞춘다.

① **불안관련** : 코칭 과정 중 토론되는 내용에 대해 머리중심 코치이(5, 6, 7번)에게 질문이 있는지 물어보고 생각하고 있는 것을 말할 기회를 준다. 또한 코치가 명확하게 설명하는 것이 필요하다.

② **신뢰** : 코치는 코치이에게 미리 모든 것을 아는 건 불가능하다는 사실을 인식시키면서 이러한 관심사를 다루는데 인내심을 가져야 한다.

③ **과잉분석** : 코치들은 코치이에 대한 정보를 보충하기 위해 익명의 일화, 인용 혹은 직접적인 관찰을 이용하는 것 등은 중요하다. 입증되지 않는 자료를 사실적인 정보와 통합하는 것은 코치이를 좀 더 수용적이 되도록 만든다.

2. 힘의 중심별 라포 스킬

인간은 에니어그램 힘의 중심에 따라 다르게 사물을 받아들인다. 눈앞에 세상이 있어도 사람에 따라 갖고 있는 지도가 다르기 때문에 완전히 다르게 보이는 것이다. 여기서 '지도'란 간단히 말해 사람마다 다르게 사물을 받아들이는 방식, 즉 느끼는 방식이나 사고와 행동방식을 가리킨다. 사람은 태어나서 지금까지 다양한 체험을 통해 자기 나름의 가치관과 세계관을 만들고 있다. 자신만의 고유한 '지도'를 가지고 있다. 지도가 어떤 정보로 만들어지는지는 그 사람을 결정하는 중요한 요소이다. 서로 가지고 있는 지도가 다르고 심리적 에너지 선호도가 다르면(=에니어그램 힘의 중심) 같은 사물을 접해도 완전히 다른 느낌을 받는다. 사람은 자신이 관심 있는 것에만 주목하고 관심이 없는 것에 대해서는 전혀 주목하지 않는 경향이 있다. 그렇기 때문에 사람에 따라 사물을 느끼는 방법이나 받아들이는 방법도 다를 수 밖에 없다. 이러한 관점이 바로 '에니어그램코칭'이다. 즉 사람에 따라 가치관과 의견이 서로 다른 것은 각각의 지도인 에니어그램 힘의 중심, 심리적 에너지의 선호가 다르기 때문이라고 받아들인다. 나는 옳고 너는 틀린 것이 아니라 단지 서로의 지도, 즉 힘의 중심이 다를 뿐이다. 다름을 인정하게 되면 코치이를 가감없이 수용하게 되고 배려하며 조화를 이루기 위해 노력하게 된다. 에니어그램코칭은 코치이뿐 아니라 코치가 자기자신에 대해서도 잘 이해하고 수용, 존중해주는 매우 중요한 사고방식을 갖게 해 준다.

1) 장중심 라포 스킬 : 행동으로 따라하기

행동으로 따라하기 라포 스킬은 코칭에서 페이싱(pacing)과 비슷한 개념이다. 상대방과 목소리 톤을 맞추거나 호흡, 동작을 매치시켜 친밀감을 조성하는 것을 말한다. 보통 사람들은 말하는 속도나 소리의 크기 등 페이스가 맞지 않는 상대를 만나면 무의식중에 싫어지기 때문이다. 장중심(8, 9, 1번 유형)은 육체적 긴장감, 생존 그리고 자율권에 관심을 많이 갖는다. 이처럼 자신의 존재를 중시하기 때문에 관계에서 타인의 관심이 자신에게 향하기를 바라고 있다. 자기중심적인 경향이 있어 상대방이 자신에게 반대하거나 수용을 거부하면 자신을 무시하는 것으로 느끼고 분노를 느끼는 경우가 많다. 무시당하면 존재를 침해받는 것으로 판단하는 경향이 있기 때문이다. 이들은 현재 자신의 자율권 유지에 의식을 집중하고 있어 현재를 중시한다. 따라서 장중심과의 라포 형성을 위해서는 행동으로 따라하기를 통해 상대의 전체적인 부분, 즉 상대방의 호흡과 자세를 내가 비슷하게 맞추고, 청각을 활용하여 상대방의 목소리 고저, 억양, 속도를 내가 비슷하게 맞추고, 체각을 활용하여 상대방의 감정, 움직임, 기분, 의식차원을 내가 비슷하게 맞춘다. 이를 통해 장중심의 자아경계의 벽을 낮춘다. 지금여기(here & now)에서 코치이와 톤을 맞춤으로써 코치이와 함께 통일감을 느끼며 라포를 형성한다.

실습하기

① 표정, 자세, 손발의 위치
웃고 있는지, 심각한지, 팔짱을 끼고 있는지, 다리는 어떤 상태인지? 맞추기

② 동작, 손발의 움직임
수긍할 때의 동작은? 손발의 움직임은? 맞추기

③ 호흡
호흡은 얕은가, 깊은가? 어느 타이밍으로 호흡을 하고 있는가?

④ 목소리 상태
목소리는 큰가, 작은가? 톤이 높은가, 낮은가?

2) 가슴중심 라포 스킬 : 가슴 열기

가슴 열기 라포 스킬은 친밀감을 쌓기 위해 미러링(mirroring)을 하는 것이다. 미러링은 상대방과 똑같은 자세와 동작을 하는 것이다. 상대가 오른쪽으로 고개를 기울이면 나도 왼쪽으로 따라서 기울이고, 팔짱을 끼면 나도 팔짱을 끼는 등 마음이 통한다는 공감을 형성하는 것이다. 가슴중심(2, 3, 4번 유형)의 특징은 친애욕구를 추구하고 타인의 반응에 주목한다. 이들은 타인을 통하여 나를 바라보는 성향을 가진다. 그리고 상대방이 무엇을 필요로 하는지 알려고 하며 타인을 도와주면서 상대방의 반응을 본다. 따라서 가슴중심과의 라포 형성을 위해서는 코치가 온전하게 코치이만 바라보고 있으며 관심을 갖고 있다는 것을 전달하기 위해 노력한다. 이 때 코치는 마치 코치이의 거울이 된 것처럼 판단이나 비판 없이 상대방의 행동을 그대로 따라 해줌으로써 라포를 형성하는 미러링 스킬을 사용한다. 행동을 따라하는 것에 대한 거부반응이 나오지 않기 위해서는 상대방에 대한 따뜻한 관심과 동조화가 필요하다.

실습하기

- 상대의 표정에 자신의 표정을 맞춘다.
- 같은 타이밍으로 차를 마신다.
- 팔짱을 끼거나 다리를 꼬는 동작을 맞춘다.
- 의자에 앉는 방법, 손을 놓는 위치 등 자세를 맞춘다.

3) 머리중심 라포 스킬 : 생각 동의하기

생각 동의하기 라포 스킬은 코칭에서 백트래킹(backtracking)과 비슷한 개념이다. 사람은 자신의 생각과 다른 말을 들으면 마음을 닫아버린다. 그렇게 되지 않기 위해서는 상대방의 말을 되뇌는 것이 효과적인데 이를 백트래킹이라고 한다. 즉, 상대의 말에 맞장구를 치면서 상대에 적극적으로 동의하는 기법이다. 상대방이 한 말 중에서 키워드를 넣어 대답하면 상대방은 자신의 말을 잘 들어준다는 느낌을 받는다. 생각 동의하기 라포 스킬을 잘 활용하면 대화가 활기를 띤다. 상대의 말에 '아, 그랬구나!' 같은 추임새를 넣거나 '정말? 그래서 어떻게 됐는데?'라며 질문하기, '그러니까 너는 이렇게 생각한다는 거지?'처럼 바꿔 말하기가 백트래킹에 해당된다. 머리중심(5, 6, 7번 유형)의 특징은 에너지의 중심을 사고에 두고 있는 심사숙고형의 사람들로 상황을 분석, 생각한 후에 자신의 위치를 정하는 경향이 있다. 그 결과 모든 상황에서 한 걸음 뒤로 불러나게 된다. 주된 감정은 막연한 두려움이다. 긴장하고 억제되거나 내성적이고 무관심해 보일 수 있는데 사고과정을 통하여 상황을 파악함으로써 안전감을 확보하려고 한다. 따라서 사고중심과의 라포 형성을 위해서는 코치 자신이 먼저 평온한 마음의 상태에서 코치이의 생각에 동의를 해주는 백트래킹을 하도록 한다. 생각 동의하기 스킬은 단순히 상대방의 말만 따라한다고 되는 것이 아니라 중요한 단어와 주제를 골라내야 하며 상대방에 대한 세심한 관찰이 뒷받침되어야 한다. 이를 위해 평온한 마음상태와 적절한 지혜가 필요하다.

실습하기

- 그동안 살아오면서 행복한 순간을 이야기할 때 백트레킹 하기
- 비교적 최근 곤란을 겪었던 일을 이야기할 때 백트레킹 하기

Ⅲ. 한국형에니어그램코칭 스킬

에니어그램에 의하면 우리는 장(본능), 가슴(감정), 머리(사고)의 세 부분으로부터 에너지를 취한다. 이 세 부분으로부터 근원적인 힘이 비롯되는데 우리의 본질은 이 세 가지의 힘을 균형있게 취한다. 그러나 본질이 성격으로 가려짐으로써 세 가지 중 한 가지 힘에 집착하고 균형과 조화를 잃어버리게 된다. 따라서 에니어그램 코치는 궁극적으로 코치이가 자기 안에 존재하는 세 가지 힘을 상황에 맞게 유효적절하게 쓸 줄 아는 지혜를 터득할 수 있도록 도와야 한다. 이를 위해 힘의 중심별 코칭스킬을 통합적으로 경험할 수 있도록 돕는다.

1. 머리중심의 코칭 스킬 : 질문하기

코칭에서 질문을 중시하는 이유는 질문을 받게 되면 그 순간 사람의 인식은 질문의 답을 찾는 방향으로 집중되는 경향을 갖고 있기 때문이다. 질문을 통해서 코치이는 그동안 잊고 지내왔던 소중한 것을 떠올릴 수도 있고 자신의 비효율적인 행동을 알아차릴 수도 있으며 자신을 성장시키기 위한 행동이 무엇인지 통찰하는 경험을 하기도 한다. 또한 그동안 생각지도 못했던 미지의 영역을 항해할 기회를 갖게 되고 자신이 알고 있는 능력을 넘어서는 영역이 존재함을 알고 열망하게 된다.

에니어그램코치는 전략과 아이디어에 관심이 크며, 사고적 기능을 가지고 있고 내면의 지원과 안내를 받을 수 있는 자기 안의 머리중심 에너지를 활성화하여 질문하기 역량을 강화시킨다.

실습하기

- 지금까지 자신의 삶에 큰 영향을 준 질문이 있다면 무엇인가?
- 그것이 나에게 어떤 변화를 만들어 주었는지 적어보자.
- 질문의 중요성에 대한 인식을 나누어보자.

1) 열린 질문 : 생각을 자극하게 하는 질문

질문을 선택할 때 코치이 '예/아니오' 또는 누구에게 질문하더라도 기본적으로 같은 답이 나오는 질문은 좋지 않다. 이러한 질문을 닫힌 질문, 특정 질문이라고 한다. 코치이가 즉각적으로 쉽게 답할 수 있도록 하는 질문보다는 보다 깊이 있게 내면을 성찰하게 하고 조금 길게 자신의 생각을 탐색하고 말로 표현하게 하는 열린 질문이 좋다. 이러한 열린 질문은 코치이의 사고를 확장하게 하여 보다 넓게 자신의 상황적 인식을 이끌어 낸다. 따라서 코칭을 할 때 코치는 코치이의 가능성과 잠재력을 이끌어내기 위해 열린 질문을 늘리려는 노력을 끊임없이 해야 한다.

※ 질문 예시

- 내가 무엇을 도와드릴까요?
- 그 임무를 마칠 수 있었던 이유는 무엇이었습니까?
- 어떻게 그런 결정을 내리시게 되었습니까?
- 이 일을 좀 더 잘 하려면 어떤 점을 바꾸면 좋겠습니까?
- 어떤 일이 당신을 그토록 흥분시키십니까?
- 당신은 앞으로 어떤 일을 하고 싶습니까?
- 당신이 가장 소중하게 여기는 것은 무엇입니까?

2) 미래 질문 : 문제 해결을 위한 질문

과거 행위나 생각에 초점을 맞춘 질문은 의식의 화살을 과거로 돌리기 때문에 코치이의 상상력을 자극하거나 가능성을 확대시키는데 별 도움이 되지 않는다. 과거 기억 속에는 현재의 문제 해결과 자아실현에 방해가 되는 것들이 많다. 따라서 이런 과거의 부정적 기억이 코치이의 가능성을 한정해 버리는 경우가 많기 때문에 일반적으로 과거질문은 그다지 좋은 질문이 아니다. 미래 질문은 미래의 행위나 가능성에 초점을 두는 질문으로써 미래형의 단어가 포함된다. 코칭은 항상 코치이의 가능성에 초점을 맞추고 있기 때문에 기본적으로 미래지향적이다. 가능성은 과거에 존재하는 것이 아니라 미래에 존재한다.

※ 질문 예시

- 앞으로 어떻게 해나가고 싶습니까?
- 그것을 완수하기 위해서 앞으로 어떻게 하는 것이 좋겠습니까?
- 앞으로 무엇을 새롭게 더 해보고 싶습니까?
- 반드시 성공한다면 어떤 일을 하고 싶습니까?
- 앞으로 다시 일을 하게 된다면 무엇을 다르게 해 보시겠습니까?
- 자기소개를 다시 할 기회가 있다면 어떻게 다르게 해 보시겠습니까?

3) 긍정 질문 : 긍정 해답이 나오게 하는 질문

질문 속에 '아니다'라는 의미의 부정형 단어를 포함하는 질문은 왠지 좁고 어두운 어감이 느껴지고, 이런 질문을 받았을 때는 대개 의식의 방향이 부정적인 방향으로 흘러간다. 그래서 코치이의 의식을 부정적인 방향으로 흐르게 하여 스스로 한계나 벽을 만들어 버리는 경우가 많다. 이에 비해 긍정질문을 받았을 때는 폭이 넓고 밝은 어감이 느껴져 대답을 하는 코치이의 의식이 긍정적인 방향으로 흘러가도록 함으로써 문제해결에 많은 도움을 준다. 대개 긍정적인 질문을 하면 긍정적인 대답을 얻는다.

※ 질문 예시

- 어떻게 하면 일이 순조롭게 진행되겠습니까?
- 여기서 확실한 것은 무엇입니까?
- 잘 되고 있는 것은 무엇입니까?
- 어떤 멋진 대책을 세우셨습니까?
- 앞으로 일어날 수 있는 결과에 대비해서 할 수 있는 일은 무엇입니까?
- 이 문제를 전화위복으로 만들 수 있는 방법이 있습니까?

4) 기적 질문 : 예외 질문

코치이가 당면한 문제를 해결하지 못한 채 무력감에 빠져 있거나 재기하려는 의욕이 없을 때 불가능할 것 같은 상황이 기적처럼 일어난 경우의 대화를 통해 해결책을 찾도록 한다. 기적 질문을 통해 코치이가 해결하고 싶은 문제, 이루고 싶은 것 등에 대해 생각해 보도록 한다. 이러한 질문을 주고받으면서 긍정적 에너지를 얻고 현실에 당당히 맞서는 힘과 용기를 얻게 된다.

※ 질문 예시

- 지금 당신이 전지전능한 힘을 가지고 있다면 당신은 무엇을 하겠습니까?
- 지금 당신이 세 가지의 기적을 일어나게 하는 힘을 가지고 있다면, 당신은 무엇을 하겠습니까?
- 만약 당신이 잠든 사이에 기적이 일어나서 당신의 모든 문제들이 해결된다고 가정해보자.
  - 당신은 어떻게 기적이 일어났다는 것을 알 수 있을까요?
  - 아침에 일어나서 처음 무엇을 보면 기적이 일어났는지 알 수 있을까요?

(시각) 당신은 무엇을 볼 수 있을까요?
(청각) 당신은 무엇을 들을 수 있을까요?
(몸의 감각) 당신은 무엇을 느낄까요?
(행동) 당신은 무엇을 다르게 행동할까요?

- (코치이가 대답을 잘 하지 못한다면) 관계성 질문을 구사한다.
  당신의 남편은 어떻게 기적이 일어났다는 것을 알게 될까요?
  그 밖에 또 누가 기적이 일어났다는 것을 알 수 있을까요?

- 그렇다면 이전과 뭐가 다를까요?
  당신이 뭘 했길래 그렇게 되었나요?
  어떻게 그럴 수 있었나요?
  언제 그렇게 할 결심을 했나요?
  혹시 또 할 수 있나요?
  그렇게 할 가능성은 얼마나 되나요?

5) 척도 질문

척도질문은 코치이의 상황을 숫자로 측정하고 표현하는 방법으로 코치이가 주관적으로 자신의 삶을 어떻게 인식하고 있는지를 반영한다. 숫자로 척도화 된 질문으로 그 동안의 성과를 스스로 점검하는 동시에 이후의 목표를 설정하며, 변화에 대한 동기를 가늠하는 기능을 한다. 척도질문을 사용하는 방식은 매우 여러 가지인데 성공척도, 코치이의 동기와 강점을 논의하고 강화하기 위해 사용하는 동기척도, 코치이가 자신이 원하는 상태에 도달할 수 있다고 확신하는 마음을 강화하기 논의하기 위해 사용하는 자신감척도, 코치에게 의존하지 않고 코치이 스스로가 할 수 있도록 도와주는

데 활용하는 독립성척도 등이 있다.

※ 질문 예시

- 무엇을 보면 당신이 6에 있다는 것을 알 수 있나요?
- 6에는 얼마나 오랫동안 있었나요?
- 당신이 만약 7로 올라간다면, 그때 당신은 지금 하지 않는 어떤 행동을 하고 있을까요?
- 당신은 마이너스까지 떨어지지 않게 하기 위해 무엇을 하고 있나요?
- 당신은 자신의 어떤 점을 알기에 자신이 10에 도달할 거라고 알 수 있나요?

※ 주의사항 : 척도 1과 10이 각각 무엇을 의미하는지 구체적으로 설정해 주는 것이 중요하다. 예를 들어, 1은 직장에서 자기주장을 분명히 하기로 결정하는데 필요한 자신감이 전혀 없다는 것을 의미하고, 10은 대단히 많다는 것을 의미합니다. 당신은 지금 1과 10사이에서 어디에 있나요?

6) 에니어그램 성격유형별 질문 실습

에니어그램 성격유형별 특성을 통해 선호단어 등을 활용하여 코칭 관계의 라포형성에 유익을 줄 수 있다. 코치이에 대한 이해 및 수용과 장점 단어를 활용한 동기부여를 통해 보다 효과적인 커뮤니케이션 방법을 찾을 수 있기 때문이다.

① 8유형의 선호용어

에너지	열정	힘	정의	성과
결단	추진	주도	목표	빨리
능력	카리스마	성취	소유	통제

☞ **8유형의 선호용어 활용 질문 예**

"당신이 도전하고 싶은 일은 무엇인가요?", "당신에게 힘이 되는 것은 무엇인가요?"

☞ **8유형의 선호용어를 이용하여 질문 만들기**

....

....

....

② 9유형의 선호용어

여 유	편 안	안 정	휴 식	풍 요
천 천 히	평 화	침 착	만 족	친 절
인 내	태 평	온 건	부드러운	수 동 적

☞ **9유형의 선호용어 활용 질문 예**

"당신은 무엇을 하고 있을 때 가장 편안함을 느끼나요?",
"당신이 가장 좋아하는 음식은 무엇인가요?"

☞ **9유형의 선호용어를 이용하여 질문 만들기**

....

....

....

③ 1유형의 선호용어

규 칙	꼼 꼼 한	양 심	원 칙	근 본
기 본	책 임	완 벽	정리정돈	질 서
의 무	건 강	부 지 런	정 확	시간관리

☞ **1유형의 선호용어 활용 질문 예**

"당신에게 있어 기본은 무엇인가요?", "당신이 꼭 지켜야 한다고 생각하는 것은 무엇인가요?"

☞ **1유형의 선호용어를 이용하여 질문 만들기**

....

....

④ 2유형의 선호용어

인 정	칭 찬	친 절	관 대	봉 사
이 해	공 감	관 계	이 타 심	동 정
함 께	배 려	다정다감	따 뜻 한	자 상

☞ **2유형의 선호용어 활용 질문 예**

"당신은 주변에 어떤 도움을 주고 싶은가요?", "누구와 함께하길 원하나요?"

☞ **2유형의 선호용어를 이용하여 질문 만들기**

....

....

⑤ 3유형의 선호용어

실 용	성 공	목적지향	기 회	성 취
야 망	적 극 적	효 율	매 력	경 쟁
적 응	융 통 성	자기관리	유 능	자 신 감

☞ **3유형의 선호용어 활용 질문 예**

"당신이 성공하려면 어떤 방법이 있나요?", "당신의 목표는 무엇인가요?"

☞ **3유형의 선호용어를 이용하여 질문 만들기**

....

....

⑥ 4유형의 선호용어

감 각 적	세 련	상 상	창 조	낭 만 적
자유주의	민 감 한	독 특 한	감 성	개 성
예 술	서 정 적	감정기복	자연주의	특별함선호

☞ **4유형의 선호용어 활용 질문 예**

"당신의 삶에서 가장 특별했던 때는 언제인가요?", "당신이 가장 당신답다고 느낄 때는 언제인가요?

☞ **4유형의 선호용어를 이용하여 질문 만들기**

....

....

⑦ 5유형의 선호용어

정보수집	논리적	관찰력	통찰력	지식욕구
몰입	집중력	조용한	개인적	지혜
명석	침착	깊이	진리	분석적

☞ **5유형의 선호용어 활용 질문 예**

"지금 당신에게 필요한 정보는 무엇인가요?", "최근 관심을 두고 집중하고 있는 정보는 무엇인가요?"

☞ **5유형의 선호용어를 이용하여 질문 만들기**

....

....

⑧ 6유형의 선호용어

신중	세심	신용	안전	야심
헌신	책임	전통	충실	구체적
확인	절제	계획	의심	믿음

☞ **6유형의 선호용어 활용 질문 예**

"주변에 가장 신뢰할 수 있는 사람의 모습은 어떤 모습인가요?", "구체적으로 어떤 일을 선호하시나요?"

☞ **6유형의 선호용어를 이용하여 질문 만들기**

....

....

⑨ 7유형의 선호용어

호기심	즐거움	재미	흥미	자유
낙천	활력	열정	창의	사교
모험	쾌활	유머감각	충동적	다재다능

☞ **7유형의 선호용어 활용 질문 예**

"최근 가장 재미있었던 일은 무엇인가요?", "새롭게 해보고 싶은 일이 있다면 무엇인가요?"

☞ **7유형의 선호용어를 이용하여 질문 만들기**

※코칭 활동 3. 질문 스킬 익히기

[활동 방법]

① 세 사람씩 짝을 지어 앉는다(코치, 코치이, 관찰자).

② 이 세 역할은 한 번씩 돌아가게 된다. 따라서 한 사람이 세 가지 역할을 다 하게 된다.

③ 에니어그램 성격유형별 질문스킬에 대해 개별적으로 생각하는 시간을 갖는다.

④ 코치는 코치이의 성격유형에 적합한 질문을 약 2분 정도 한다.

⑤ 관찰자는 말을 하지 말고 두 사람의 태도와 표정을 관찰, 기록만 한다.

⑥ 2분이 지나면 활동을 하면서 느낀 점에 대해 서로 이야기 나눈다.
이 때 관찰자는 기록한 사실에 대해 피드백 한다.

⑦ 에니어그램 성격유형별 질문스킬을 발표하고 Super-vision 받는다.

2. 가슴중심의 코칭 스킬 : 경청하기

에니어그램 힘의중심 중 '가슴중심' 에너지의 특징은 사회적이며 사교적이고 인간중심적이다. 가슴중심 유형의 관심은 주로 다른 사람과의 관계에 집중되어 있으며 타인을 향해 에너지를 움직인다. 이들은 외부세계로부터 모든 단서를 얻으며 다른 사람들과 교류하고 그들의 인정을 받으면서 에너지를 얻는다. 이러한 가슴중심 에너지는 '경청(=상대방이 전달하고자 하는 말의 내용은 물론이며 그 내면에 깔려 있는 동기나 정서에 귀를 기울여 듣는 것)' 스킬을 익히는데 도움이 된다.

에니어그램에 의하면 우리 모두는 머리, 가슴, 장의 세 에너지가 존재한다. 경청 스킬의 역량 강화를 위해서 가슴중심 에너지에 의식적으로 초점을 두고 수련해 보자.

(1) 1단계 경청 : 자기중심적 경청

수준 1의 경청이란 듣는 사람(코치)이 상대방(코치이)이 아닌 자신의 내부로부터 나오는 소리에 집중하는 것이다. 그곳은 자신들의 의도가 있는 곳이다. 다른 사람의 말도 듣지만 주로 자신들의 의견, 이야기, 판단(자신의 감정, 요구 그리고 욕망 등)을 인식한다. 수준 1에서 듣는 것은 필수이다. 예를 들어 시공업자가 부엌을 어떻게 리모델링하기를 원하는지 여러분에게 물어볼 때 100% 여러분이 무엇을 원하는가에 관한 것이다. 여러분의 의견, 판단, 욕구 등.

(2) 2단계 경청 : 코치이중심적 경청

수준 2의 경청에서는 코치이에게 강한 집중이 필요하다. 모든 관심은 한 방향을 향한다. 두 젊은 연인들이 공원 벤치에 앉아 있는 것을 상상해 보라. 그 둘의 관심은 온통 상대방에게 집중된 수준 2에 있다. 그들은 주변 상황에 대해선 전혀 깨닫지 못할 수도 있다. 말 한마디 한마디와 대화의 모든 뉘앙스까지 집중해서 듣는 완전한 수준 2의 경청에 있다. 코칭이 최대한 효과적이 되기 위해서는 코치들은 수준 2에서 코치할 수 있어야 한다. 그 다음에 수준 3에서 들을 수 있는 능력을 추가해야 한다.

(3) 3단계 경청 : 총체적 경청

모든 것을 포함해서 부드럽게 집중한 경청이다. 수준 3에서 여러분은 상대방과의 사이에 있는 심리적 에너지와 또한 그 에너지가 어떻게 변하는지 깨닫게 된다. 슬픔, 경쾌함, 태도의 변화를 간파한다는 것이다. 환경과 그 환경에서 어떤 일이 일어나고 있는가 알아차린다. 감춰진 기분, 말투 또는 대화의 효과를 인식하는 방법이다. 여러분과 여러분의 대화 상대가 어디에 있든, 관객 앞에서 연기하는 코미디언은 수준 3의 경청 감각이 고도로 발달되어 있다. 그들은 자신들의 유머가 효과가 있는지 없는지 안다. 일반적으로 연기자들은 방 안에서 수준 3에 경청할 수 있도록 그들의 안테나를 고도로 발전시켜 왔다. 공연이 어떻게 받아들여졌는지에 대한 감각, 에너지가 어떻게 생겨나고 사라지는지, 이 단계에서는 또한 은유와 상상과 더불어 직관이 가장 유용하다. 코치들은 결정적인 순간의 숨겨진 효과에 관한 정보를 가능한 한 많이 얻기 위해서 수준 3의 부드럽게 집중하면서 듣는 것을 배운다.

※ 코칭 TIP!

코치가 수준 2와 수준 3의 단계에 있을 때 가장 효과적인 코칭이 이루어진다. 코치들이 경청의 수준을 1로 떨어뜨릴 때도 있을 것이다. 코치는 코칭이 잘 진행되고 있는지 판단하기도 하고 생각하게 되는 경우도 있는데 이 경우 실질적으로 코치이와 단절되게 된다. 코치는 자신들의 행동을 분석하고 있을 것이다. 예를 들어. "그런 걸 묻다니 참 어리석었군." 혹은 "그 부분을 녹음할 걸. 코칭이 멋지게 됐었는데.". 수준 1의 경청에 머물러 있다면 코치가 자신의 아젠다를 밀어부쳤을지 모른다. 가끔은 "코치이를 돕는다"는 아주 좋은 의도로. 코치에게는 수준 1 경청에 빠져 있을 때를 알아차리고 코치이와 함께 다시 그 곳으로 돌아가는 방법을 찾는 것이 중요하다. 방법은 과감하고 궁금한 질문을 하는 것이다.

※코칭 활동 4. 자기중심적 경청 스킬 익히기

[활동 방법]

이 훈련의 목적은 내가 상대방을 향해 던지고 있는 판단들은 실제 그 사람이 그러한 사람이기보다는 내 안에서 만들어지고 있는 판단의 틀임을 이해하는 데 있다.

① 먼저 천천히 호흡을 한다. 깊고 아주 천천히 복식호흡을 한다. 코로 깊게 숨을 들이쉬고 이때 배가 나올 수 있도록 한다. 다시 천천히 코나 입으로 숨을 내 쉬면서 마음을 편안하게 만든다.

② 갈등이 있거나 마음에 불편함을 일으키는 사람의 얼굴을 떠올린다.

③ 그 사람의 얼굴을 가능한 놓치지 말고 그대로 계속 떠올리면서 자동적으로 내 가슴에서 올라오는 소리를 듣는다.

④ 이 소리들이 사실인지, 아니면 단지 내 판단에 의한 소리인지 알아 차린다.

예) ① 갈등 상태에 있는 엄마의 얼굴을 떠올린다. 떠올리니까 괴롭고 떠올리기 싫다. 그래도 의지를 써서 엄마의 얼굴을 떠올리려 애쓴다.

② 그때 마음에서 올라오는 소리를 듣는다.
'싫다, 너무 간섭한다, 불쌍하다, 너무 이기적이고 자신의 뜻대로 날 휘두르려 한다.' 등

③ 알아차린다. 이 모든 소리들이 엄마 자체를 나타내는 것이 아니라 내 내면에서 올라오고 있는 판단들이라는 것을 알아차린다.

④ 내 내면의 소리들을 경청하는 법을 배운다.

(4) 에니어그램 성격유형별 경청 스킬

에니어그램 성격유형별 충분한 경청을 위한 걸림돌을 자각하도록 돕는다. 에니어그램 코치는 자신의 경청 걸림돌을 알아차림으로써 다시 온전하게 코치이의 말에 집중하는 상태로 갈 수 있도록 수련한다.

① 에니어그램 8번 유형

8번 유형의 경청 걸림돌은 말하는 사람이 믿을 수 없다는 생각이 들 때, 권위가 없거나 사람들을 제대로 통제하지 못한다고 여겨질 경우, 자신에게 주의를 기울이지 않거나 자신을 비난한다고 생각할 때이다.

② 에니어그램 9번 유형

9번 유형은 자기 나름의 의견과 판단을 갖고 있지만 표현하지 않거나 대화가 끝나갈 무렵 간접적으로 표현하는 경향이 경청의 걸림돌이다.

③ 에니어그램 1번 유형

1번 유형은 자기 아이디어와 의견에 대한 고집이 강해서 자신이 높이 평가하지 않는 사람의 말을 온전히 경청하기 힘들다. 또한 자신의 의견에 열중할 경우도 마찬가지이다.

④ 에니어그램 2번 유형

2번 유형의 경청 걸림돌은 겉으로는 그렇게 보이지 않는 경우에도 다른 사람의 말을 듣는 동안 자기 생각에 몰두하는 것이다. 보호해야한다는 심한 걱정 등에 사로잡히는 경우도 걸림돌이다.

⑤ 에니어그램 3번 유형

3번 유형의 경청 걸림돌은 자신의 감정을 접거나 업무에만 지나치게 초점을 맞추며 감정적인 대화를 회피하는 것이다.

⑥ 에니어그램 4번 유형

4번 유형의 경청 걸림돌은 하잘것없는 대화는 지루해하며 집중하지 못하는 것이다. 얘기를 듣다가 그 사람의 이야기와 관련이 있는 개인적인 경험을 이야기함으로써 대화의 방향을 자신 쪽으로 유도하는 것도 걸림돌이 된다.

⑦ 에니어그램 5번 유형

5번 유형은 다른 누군가가 감정에 치우쳐 있다고 생각되거나 가까이 있을 경우 뒤로 물러서거나 대화를 끝내려는 경향이 경청의 걸림돌이다.

⑧ 에니어그램 6번 유형

6번 유형의 경청 걸림돌은 자신의 생각, 느낌, 행동을 다른 사람에게 투사하는 경향으로 부정적인 의도가 있을 거라고 상상하며 자신이 들은 내용을 임의로 걸러내거나 왜곡하는 것이다.

⑨ 에니어그램 7번 유형

7번 유형의 경청 걸림돌은 말의 요지를 빠르게 파악하고 논평하는 경청 방식이다. 말하는 데 방해받았다고 여길 수 있기 때문이다.

※코칭 활동 5. 코치이중심적 경청 스킬 익히기

[활동 방법]

① 세 사람씩 짝을 지어 앉는다(코치, 코치이, 관찰자).

② 이 세 역할은 한 번씩 돌아가게 된다. 따라서 한 사람이 세 가지 역할을 다 하게 된다.

③ 코치이는 약 2분 동안 지난주에 겪었던 일 중 기억에 남는 일이나 재미있었던 일을 이야기한다.

④ 코치는 가능한 건성으로 이야기를 듣는다. 즉 비경청적인 자세로 듣는다.

⑤ 관찰자는 말을 하지 말고 두 사람의 태도와 표정을 관찰, 기록만 한다.

⑥ 2분이 지나면 이번엔 코치이가 조금 전에 했던 이야기를 반복한다.

⑦ 코치는 처음과 달리 경청하는 자세로 집중해서 이야기를 듣는다.

⑧ 관찰자는 이번에도 두 사람의 표정과 태도, 감정 변화를 관찰한다.

경청을 할 때는 다음의 체크리스트를 참조하여 바람직한 경청 자세를 취한다.

바람직한 경청 자세	체크	바람직한 경청 자세	체크
거리는 적당한가요?		팔짱을 끼거나 다리를 꼬았나요?	
마주보거나 사선으로 앉았나요?		중간에 말을 자르고 있나요?	
눈을 적절히 맞추고 있나요?		상대 이야기에 답을 주려하나요?	
대화 중 음성적 반응을 적절히 하고 있나요?		자신의 경험이나 이야기를 더 많이 하고 있나요?	
적당히 고개짓으로 반응하나요?		충고하는 말을 하고 있나요?	
적절한 표정으로 반응하고 있나요?		너무 긴장하거나 대화 내용과 맞지 않는 표정을 짓고 있나요?	

※ 경청 연습 후 피드백

경청 연습의 경험을 되돌아보며 카드를 이용하여 다음에 대해 적어본다. 적은 내용을 당사자에게 전달하여 피드백을 주고받는다.

① 코치이의 입장에서 : 상대방이 잘 들어줄 때 느껴진 감정, 상대방이 성의 없이 들을 때 느껴진 감정

② 관찰자로서 : 코치가 말을 잘 들어줄 때 코치이의 반응, 코치가 말을 잘 들어주지 않을 때 코치이의 반응/ 코치의 바람직한 경청 자세, 코치의 바람직하지 않은 경청 자세

③ 코치의 입장에서 : 내가 상대방의 말을 잘 들을 때의 느낌, 내가 상대의 말에 판단을 내리고 의견을 내세울 때의 느낌

3. 장중심의 코칭 스킬 : 피드백하기

에니어그램 힘의중심 중 '장중심' 에너지의 특징은 생명력과 활력의 뿌리이며 어떤 상황 속에서도 사람에 대한 감이 뛰어나다. 진행 중인 일을 파악하는데 신속하다. 이런 장중심 에너지는 구체적인 동기를 부여해 코치이의 행동을 여는 피드백 스킬을 익히는 데 도움이 된다. 또한 피드백 스킬은 코칭 대화 중의 에너지 관리에 영향을 준다. 질문과 경청은 에너지 관리에 영향을 주지 못하지만 피드백을 통해서는 에너지를 올릴 수 있는데 이때 생명력과 활력의 장중심 에너지가 유용하다. 코치이에게 존재감을 주고 자신감을 주며 열정을 강화하는 피드백은 코치가 코치이에게 신뢰감을 갖게 해주기 때문에 중요한 코칭 스킬이다.

(1) 인정 피드백

코칭에서의 인정은 칭찬과는 다른 의미로 사용된다. 칭찬은 주로 겉으로 드러난 행동의 결과에 초점을 맞추기 때문에 결과에 대한 민감성을 키우게 되고 코치에 대한 평가 의존성을 만들게 된다. 반면 인정이라고 하는 것은 코치이의 행동이 무엇을 의미하는지, 그것을 하는 과정에서 얼마만큼의 노력과 희생을 감수했는지 등 결과보다는 과정에 초점을 맞추게 된다. 인정 피드백은 코치이에게 자신의 가치를 다시 한 번 생각하게 만들기 때문에 내면의 자신감이 생기게 하고 더 열심히 하고 싶은 동기부여 역할을 한다. 인정 피드백을 하기 위해서는 상대의 이야기 가운데 그 사람의 장점과 본질적 가치를 드러내는 요소가 무엇인지에 대한 면밀한 관찰이 요구된다.

실습하기

① 5~6명이 한 팀을 이루어 인정 피드백을 실습한다.

② 그룹원 중 한명에서 초점을 맞추고 다른 참가자들이 서로 돌아가면서 인정 피드백을 사용한다. 인정을 할 때는 이유도 함께 이야기한다.

③ 모두 돌아가면서 인정을 한 후에는 인정받은 사람이 그 중 하나를 선택한다.

④ 같은 방식으로 모든 참가자들이 각각에게 초점을 맞추어 인정피드백을 실습한다.

⑤ 모두 인정피드백을 한 후, 각자의 느낌을 나눈다.

(2) 발전적 피드백

코칭이 잘 될 때는 초점과 목표가 분명하지만 코칭이 잘 되지 않을 때 코치이는 혼돈 속에 빠질 수 있다. 발전적 피드백이라고 하는 것은 무엇인가 코칭이 잘 이루어지지 않는다고 느껴질 때 그 원인이나 느낌, 상황에 대해서 보다 솔직하게 피드백하는 것을 말한다. 발전적 피드백에서는 코치이의 행동이 변화방향으로 나아가기에 부족하다고 느껴질 때, 문제가 되는 행동에 대해서 솔직하게 말하고 이에 대한 의견을 나눈다. 또한 코치이의 발전과 성장을 위해서 하는 피드백인 만큼 비난과 비판과는 다른 느낌이며 주로 아래와 같은 상항에서 사용한다.

① 코칭대화가 모호해지고 겉도는 느낌이 들 때

코치이가 자신의 문제에 너무 깊숙이 빠져들 경우, 코치도 혼란 속으로 함께 빠지기도 한다. 또한 코치이가 민감하게 여기는 영역이나 정체성에 해당하는 부분이 건드려 질 때 미묘한 저항에 부딪힐 수 있다. 이렇듯 충분한 신뢰관계가 형성되기 전에 코치이가 예민하게 여기는 영역을 다루게 될 경우 코치이와의 대화가 모호해지고 겉돈다는 느낌을 받을 수 있다. 이럴 경우 코치이를 충분히 배려하면서 코칭상황의 문제를 명확히 표현함으로써 그 상황적 어려움을 함께 헤쳐 나갈 필요가 있다.

② 코치이가 진지하지 않거나 말과 행동에 불일치가 나타날 때

코칭을 하다보면 자신이 원하지 않는데 제3자에 의해서 코칭을 받게 되는 경우가 있다. 이럴 경우 코치이가 '글쎄요'로 일관하거나 약속시간에 늦거나 행동적 실행을 하지 않는 상황이 발생한다. 코칭에 대해 진지함을 갖추지 않는 코치이가 있을 수 있다. 코칭은 코치이가 스스로 발전하려는 의지가 매우 중요하다. 이처럼 코치이가 진지함이나 변화의지가 없는 상황에서는 코칭이 제대로 이루어질 수 없다. 이럴 때 솔직한 피드백을 통해 변화 돌파구를 찾는 것이 필요하다. 또한 코치이가 말하는 내용과 몸짓에서의 불일치가 보일 때도 이에 대한 피드백을 해주어야 한다. 슬픈 이야기를 하면서도 표정은 밝을 때, 열정이 있다고 말을 하지만 몸짓은 지루함으로 가득 차 있다고 보일 때 솔직한 피드백이 도움이 된다.

③ 정보제공이 필요할 때

코치이가 원하는 목표를 설정하고 스스로 답을 찾는 과정에서 목표방향을 어떻게 가야하는지 정보가 없을 경우, 또는 전혀 엉뚱한 행동을 하면서 목표를 향해 가고 있다고 착각할 경우 이에 대한 정확한 정보를 제공하는 것이 필요하다.

(3) 머물러주기

코칭에서 코치이가 중요한 질문을 받게 되면 그 질문에 대해 깊게 생각하게 되고 내면의 여러 기억과 사고과정을 탐색하는 과정에서 통찰을 얻게 된다. 그리고 이러한 통찰을 바탕으로 대답을 하게 되는데 이럴 경우 시간이 필요하다. 코치는 코치이가 이러한 깊은 탐색과 통찰의 순간을 여유롭게 탐험할 수 있도록 충분한 시간을 기다려

줄 수 있어야 한다. 바로 침묵하고 머물러 주는 것이다.

초보 코치들이 하는 흔한 실수는 질문을 하고 나서 상대가 즉각적으로 대답을 하지 않는다고 해서 곧바로 정신을 산란하게 하는 부연설명을 하는 것이다. 코치이가 생각하고 느끼고 반응하는데 걸리는 시간을 인정하고 기다려주자. 코칭에서 침묵과 머물러주기는 필수적이고 잘 활용된다면 모든 질문이 가진 힘을 높일 수 있다.

실습하기

① 2명이 1조를 이루어 코치와 코치이로 구분한다.

② 서로 2분 동안 상대의 눈을 바라보면서 침묵한다. 상대를 바라볼 때는 상대를 온전히 수용한다는 느낌으로 바라본다.

③ 2분이 흐른 후 침묵하며 받아들일 때의 느낌에 대해 나눈다.

④ 역할을 바꿔서 한 번 더 실시한다.

⑤ 침묵하며 온전히 바라볼 때 어떤 느낌이 들었는지 적어보자.

(4) 에니어그램 성격유형별 피드백 스킬

피드백 스킬과 관련한 에니어그램 유형별 특징을 파악함으로써 피드백 스킬을 더욱 향상시킬 수 있는 방법을 찾아 적용해 본다.

〈표 1〉 에니어그램 성격유형별 피드백 특징과 역량강화방안

	피드백 특징	피드백 역량강화방안
8번	어떤 행동을 해야 하는지 분명하게 알려 주는 식으로 매우 정직한 피드백	• 긍정적인 호의 보여주기 • 감사함 표현하기 • 형용사와 부사를 더 많이 사용하기 • 인간적인 내용을 담기

9번	자신의 생각과 경험을 순차적으로 매우 정확히 자세하게 묘사	• 핵심에 초점을 맞추고 그것을 명확하게 피드백하기 • 지나치게 형식적인 언어 사용하지 않기 • 정중한 어투로 자신의 걱정을 더욱 분명하게 표현하기
1번	진심으로 그들이 결점이나 결함을 극복할 수 있도록 돕기 위해 노력	• 무엇을 해야 한다거나 그렇게 하는 것이 당연하다거나 옳다 혹은 그르다 식의 표현 삼가기 • 단정적이거나 단호한 표현을 유연한 표현으로 하기 • 다양한 관점을 인정하고 독려하는 말 선택하기
2번	매우 관계 지향적이고 사람들의 말을 경청하며 도움과 조언을 제공	• 받는 사람에게 관심을 기울이는 만큼 자신에게도 관심을 기울이기 • '대단한, 굉장한' 등과 같은 과장된 표현 자제하기 • 추켜세우는 말 삼가하기 • 감정을 표현할 때 간단명료하고 직접적 표현 사용하기
3번	매우 명료하고 정직하며 진실한 인간관계의 바탕이 되는 개인적인 정보를 기꺼이 공유	• 건설적 피드백과 긍정적 피드백 균형 있게 제공하기 • 자신이 한 일과 성취에 대한 언급 줄이기 • 다른 사람의 반응 살피기 • 자신의 생각을 더 솔직하게 표현하기
4번	진실한 인간관계를 맺는 것을 매우 중시하기 때문에 다른 사람들의 반응을 예측하고 원하는 것을 고려하며 이해하기 위해 노력	• '나, 나의, 나를, 내 것, 나 자신' 등과 같은 자기를 기준으로 삼는 단어의 사용 줄이기 • 개인적인 말을 줄이고 더 객관적인 말을 사용하기 • 말의 초점을 자신보다 다른 사람에게 맞추기
5번	다른 사람의 사생활을 존중하고 필요로 하는 사람들에게 적절한 정보를 제공	• 자신의 생각을 표현하는 만큼 감정도 표현하기 • 자신의 생각을 상세히 설명하기 • 대화 초기 단계에서 자신의 욕구를 좀더 드러내기
6번	정면으로 맞서거나 혹은 회피하는 두 가지 태도를 동시에 취함. 대규모의 사전 계획을 세움	• 문제를 부정적 바라보기보다 해결책을 제시하기 • 자신의 생각을 종합해서 하나로 말함으로써 자신의 근심이 지나치게 표출되는 것을 막기 • 걱정과 두려움이 담긴 단어의 사용 줄이기
7번	빠른 속도로 말하고 화제를 재빨리 자연스럽게 바꿈. 부정적인 것을 긍정적으로 재구성 함	• 가장 중요한 한 가지에 지속적으로 초점 맞추기 • 긍정적인 정보뿐 아니라 문제도 상세히 설명하기 • 완전한 문장을 사용하기 • 구두점을 찍는 데 더 많은 관심을 기울이기

※코칭 활동 6. 피드백 스킬 익히기

[활동 방법]

① 세 사람씩 짝을 지어 앉는다(코치, 코치이, 관찰자).

② 이 세 역할은 한 번씩 돌아가게 된다. 따라서 한 사람이 세 가지 역할을 다 하게 된다.

③ 코치는 자신의 에니어그램 성격유형별 피드백 역량강화 방안에 대해 개별적으로 생각하는 시간을 갖는다.

④ 코치이는 약 2분 동안 지난주에 겪었던 일 중 힘들었던 일을 이야기한다.
이때 코치는 피드백을 하며 듣는다.

⑤ 관찰자는 말을 하지 말고 두 사람의 태도와 표정을 관찰, 기록만 한다.

⑥ 2분이 지나면 활동을 하면서 느낀 점에 대해 서로 이야기 나눈다.
이 때 관찰자는 기록한 사실을 함께 나눈다.

⑦ 에니어그램 성격유형별 피드백스킬을 발표하고 Super-vision 받는다.

Ⅳ. 한국형에니어그램코칭 프로세스

1. 한국형에니어그램코칭 프로세스 이해

한국형에니어그램코칭은 총 5단계의 프로세스로 이루어져 있다. 이 중 〈목표설정-열정점검-파워에니어그램-HOLY코치〉의 코칭 단계는 순환적으로 반복하면서 코치이가 자기관찰과 이해, 그리고 변형의 과정을 거치며 스스로 성장해 나가는 의미를 담고 있다.

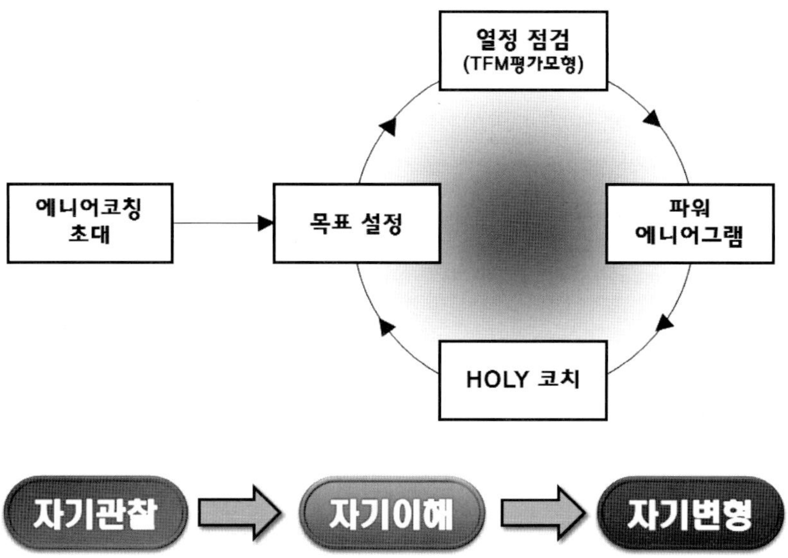

[그림9] 한국형에니어그램코칭 모델

1) 에니어코칭 초대

한국형에니어그램코칭의 첫 번째 단계는 에니어코칭 초대이다. 이 단계는 에니어그램 성격유형검사를 통해서 코치이를 이해하고, 코치이가 얻고자 하는 코칭의 이슈를 찾는 단계이다. 이때 에니어코치에게 가장 중요한 것은 경청이다.

(1) 에니어코칭 구조화하기

코치이와 코치가 에니어코칭의 기대를 맞추어 가는 단계이다. 구조화 과정은 크게 코칭 과정, 코칭 관계, 그리고 비밀 보장의 구조화로 이루어져 있다.

① 코칭 과정의 구조화

코칭 과정의 구조화 단계에서는 코칭의 진행방식에 대해 합의를 한다. 구체적으로는 코칭기간 및 시간, 그리고 바람직한 코치이의 행동 및 역할에 대해 이야기하고 합의한다.

- 코칭기간 및 시간에 대한 합의 : 대개 주 1회 50분. 대략적 기간 추정하기
- 바람직한 코치이의 행동 및 역할에 대한 안내 : 자발적인 참여. 코칭과 코치에 대한 합리적인 기대하기

※ 코칭 TIP!

① 코칭에 대한 좋은 인상을 주도록 한다. 사무적으로 대하지 않도록 하며 필요한 정보를 알려주어 코치이가 편안한 마음으로 코칭을 받으러 올 수 있도록 한다.

② 코칭을 통해 자기문제를 해결할 수 있을 것이라는 희망을 갖게 한다.

③ 코치이를 너무 혼란스럽지 않게 한다. 코치이의 문제를 탐색하되 너무 깊이 들어가려고 애쓰지 않으며, 머뭇거리거나 말하기 싫어하는 내용을 억지로 탐색하려고 하지 않는다.

④ 시간을 잘 조절한다.

⑤ 원칙을 잘 알되 융통성을 갖도록 한다. 비교적 처음에는 원칙에 충실한 것이 좋다.

② 코칭 관계의 구조화

코치와 코치이는 적극적으로 서로 협력하고 교류하며 코칭의 전반적인 과정에 참여하는 관계임을 합의한다. 코칭 관계는 상호협력관계로 공동의 목표를 달성하기 위해 코치이와 코치가 함께 만들어가는 파트너관계이다. 이를 위해 완벽한 비밀

의 유지, 무조건적 신뢰, 모든 것에 대해 진실을 말하는 관계, 그리고 온전한 자유가 보장된 관계임을 공지한다. 특히 코칭은 상호협력관계 속에서 상호 책임을 갖는 것임을 코치이에게 이해시킴으로써 코칭에 대한 자발성과 주도성을 증진시켜 코치이의 잠재력과 가능성을 최대한 발휘하도록 하는 것이 중요하다.

※ 코칭 TIP! 오프닝 질문

- 컨디션은 어떤가요?
- 뭔가 새로운 것을 시작해야겠다고 하셨는데. 그 건에 관해 이야기하고 싶은데 괜찮겠습니까?
- 바쁜 것은 알지만 잠깐 이야기하고 싶은데, 괜찮겠습니까?
- 여기까지 오시느라 수고하셨습니다. 찾는데 힘들지 않았나요?
- 얼굴이 상기되어 있는데 무슨 즐거운 일이 있나요?

③ 비밀 보장의 구조화

코칭 내용이나 코치이 관련 자료에 대해서는 코치이의 동의 없이는 비밀을 보장하는 것이 기본원칙임을 공지한다. 비밀보장동의서를 상호 작성한다.

(2) 에니어그램 검사하기

코칭에서 에니어그램 성격유형 검사를 하는 것의 가치는 다음과 같다.

첫째, 생생한 코치이에 대한 정보를 통하여 구체적 목표 설정에 도움이 된다.
둘째, 코치이를 이해하는 데 도움이 된다. 특히 코치이의 내면의 동기를 알 수 있다.
셋째, 행동적 목표설정의 핵심적 단서를 제공한다.
넷째. 비자발적 코치이와의 작업을 생산적으로 만든다.

(3) 에니어코칭 주제 탐색하기

코칭의 주제(걱정거리, 문제, 찾아온 이유, 개발 이슈 등)를 명료하게 하는 단계로 코칭을 시작하기 위한 일종의 교량 역할을 하는 절차이다.

① **코치이의 주요 문제 탐색** : 주호소 문제의 영역과 현재 생활에 미치는 영향, 문제의 발생 시기와 그 경과 그동안 문제에 대처한 방법과 노력 정도, 상담이나 코칭 및 심리검사의 경험도 파악하고 무엇보다 지금 코칭에 오게 된 이유가 무엇인지 탐색한다.

② **현재 생활 및 환경 탐색** : 학교 또는 직장생활(대인관계, 학업성적 등), 가정관계와 가정환경에 대한 탐색, 스트레스 원인에 대한 탐색, 사회적지지 자원을 탐색한다.

③ **코치이의 기대** : 어느 정도의 해결을 원하는지, 코칭에 대한 기대는 어느 정도인지 탐색한다.

④ **코칭과 심리검사에 대한 설명과 연결** : 코칭과 심리검사에 대한 사전 오리엔테이션을 실시하고 의문을 해소해 준다.

※ 코칭 TIP! 주제 질문

- 오늘 여기서 저와 어떤 이야기를 나누고 싶습니까?
- 요즘 어떤 고민을 하고 있습니까?
- 자신에게 무엇이 필요하다고 생각하십니까?
- 우선 무엇부터 해결하면 도움이 되겠습니까?
- 가장 중요하게 느끼는 일은 어떤 것입니까?
- 당신이 지금 원하는 것이 무엇입니까?

– 어떤 사람이 되기를 원하십니까?

– 이번 코칭을 통하여 얻고자하는 것은 무엇입니까?

– 당신을 힘들게 하는 것이 무엇입니까?

– 당신을 좌절시키는 것들이 무엇입니까?

– 당신이 인생에서 좀 더 바라는 것이 있다면 그것은 무엇입니까?

– 지금은 없지만 있었으면 하는 것은 무엇입니까?

– 바꾸거나 혹은 없애버렸으면 하는 것은 무엇입니까?

– 인생에서 가장 소중한 것이 무엇이라고 생각하십니까?

– 당신에게서 활력을 빼앗는 것은 무엇입니까?

– 당신에게 활력을 불어넣는 것은 무엇입니까?

– 오늘 당신의 마음을 무겁게 하는 것은 무엇입니까?

– 무엇에 초점을 맞추고 싶은가요?

※코칭 활동 7. 코칭 주제 영역 탐색하기

[활동 방법]

① 활동 목표 : 자기 삶의 중요 영역에 대해 생각해보고 변화를 원하는 영역 선택하기를 통해 자신의 현 상태를 파악할 수 있도록 도와 코칭의 목표를 설정한다.

② 활동 내용 : 눈을 감고 지난 일주일 동안의 일들을 떠올려보고 그 중에서 생각나는 것들을 이야기해 보고 지금 본인의 몸 상태 에너지를 1~5단계로 나누어 볼 때 몇의 상태에 있는지를 자가 점검하는 시간을 가져본다.
그리고 나를 화나고 불편하게 만드는 것들을 떠올려 본다.
이때 영역별 불편 요소들을 적은 sample list를 주고 삶을 즐겁지 않게 또는 불편하게 만드는 것이 무엇인지, 참고 견디라고 배워온 화나게 하는 것들이 무엇인지 적고 이야기를 나눈다.

〈경제적 영역〉	〈가정과 가족생활 영역〉
• 카드연체	• 배우자와의 불만족스러운 관계
• 관리되지 않는 개인 경제	• 규칙에 따르지 않는/ 통제할 수 없는 아이들
• 퇴직 자금/계획 없음	• 친척과 전혀 교류가 없는 것
• 수입을 넘어선 생활	• 부모–자녀 간의 교류가 없는 것
• 충분하지 못한 생활/건강 보험	• 너무 많은 논쟁과 불일치
• 돌려받지 못한 빚	• 항상 지저분한 집
• 신고하지 않은 소득세	• 배우자와 전혀 시간을 갖지 못함
• 충동적인 소비	• 집이 마치 호텔처럼 느껴지는 것
• 지나치게 부족한 돈	• 너무 체계적이지 못한 집
• 자선에 전혀 기부하지 못함	• 그 밖에 무엇이 있나요?
• 그 밖에 무엇이 있나요?	

<table>
<tr><td>

〈육체적 건강 영역〉

• 과체중
• 저체중
• 낮은 에너지
• 건강 부적합
• 등(허리) 문제
• 약/알코올 남용
• 담배 흡연
• 나쁜 식단
• 운동 부족
• 오랫동안 병원진료 못 받음
• 정기 검진
• 그 밖에 무엇이 있나요?

</td><td>

〈개인적인 생활 영역〉

• 풀리지 않은 분노
• 자기자신에 대해 불만족스러움을 느낌
• 인생이 항상 어렵게 느껴지는 것
• 부모님과 해결되지 않은 갈등
• 멘토/ 롤 모델이 없는 것
• 반복되서 일어나는 역기능적인 패턴
• 내 문제를 가지고 다른 사람을 비난함
• 자기 자신을 비난하는 데 너무 많은 시간을 허비하는 것
• 잊어버리지 못하는 것
• 당신 삶을 다른 사람을 즐겁게 해주기 위해서 사는 것
• 그 밖에 무엇이 있나요?

</td></tr>
<tr><td>

〈감정적 생활 영역〉

• 지나친 스트레스
• 생활을 지배하는 공포심
• 방침이 없다고 느껴지는 것
• 지나친 완벽주의
• 우울감
• 삶의 의미를 느끼지 못하는 것
• 고립감/외로움
• 낮은 자존감
• 감정을 느끼지 못하는 것
• 감정 균형의 부족함
• 그 밖에 무엇이 있나요?

</td><td>

〈사회적 생활 영역〉

• 여가시간이 없음
• 취미/ 창조적인 활동 없음
• 즐거움이나 웃음 부족
• 너무 많은 피상적인 관계들
• 친구 없음
• 다른 사람과 있을 때 자기 자신이 될 수 없다고 느끼는 것
• 다른 사람들을 만나러 아무 곳도 가지 않음
• 너무 많은 친구들
• 당신이 더 넓은 범주의 친구들을 갖기를 원한다는 것
• 당신이 깨진 우정 관계를 다시 붙이기를 원하는 것
• 그 밖에 무엇이 있나요?

</td></tr>
</table>

③ 활동 내용 : 변화하기를 원하는 영역을 선택한다. 이때 한 가지 이상을 고를 수 있다.
'변하기 원하는 생활 영역 첫 번째는?
두 번째는?
세 번째는?'과 같은 질문을 해 본다.

2) 목표 설정

에니어코칭에서 목표설정 단계는 코칭의 주제를 명료하게 해서 코치이가 코칭을 통해 얻고자 하는 것을 정의하는 단계이다. 코칭에 대한 긍정적 기대 및 신뢰관계를 토대로 코치이의 적극적인 참여가 매우 중요하다. 코치이가 목표에 책임감을 갖는 것이 중요하다. 또한 전체적 목표를 설정하지만, 코칭의 한 회기마다에도 분명한 목표를 설정하고 구체적 실행계획을 1~2가지씩 갖는 것이 좋다. 이때 구체적 실행여부를 회기 중에 다룬다.

(1) 목표 설정의 5단계

한국형에니어그램코칭의 목표설정은 5단계로 진행되며, 다음의 [그림10]과 같다.

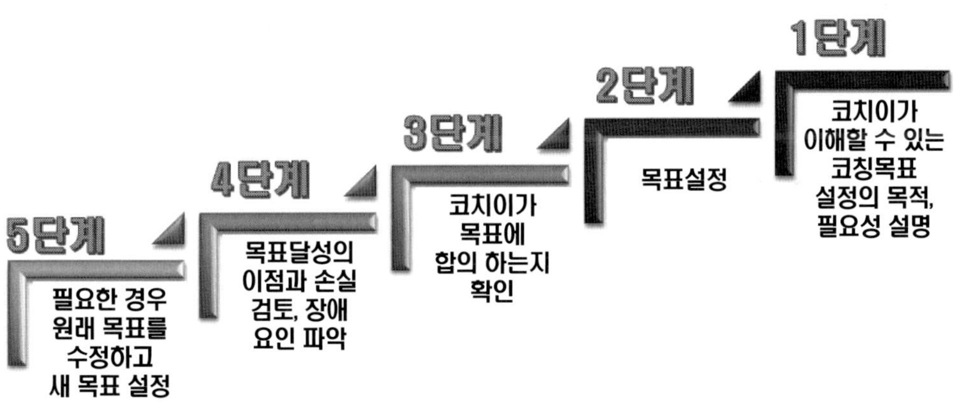

[그림10] 한국형에니어그램코칭의 목표설정 단계

1단계. 코칭 목표설정의 목적과 필요성에 대해 코치이가 납득할 수 있도록 자세히 설명한다.

2단계. 구체적, 측정가능, 실질적 문제해결에 기여하고 코치이가 통제할 수 있는 범위 안에 있는 것으로 목표를 선정한다. 구체적 행동적 목표를 분명히 할 것, 현실성 있는 목표를 설정할 것, 도전적 요소가 포함될 것

3단계. 코치이가 세워진 목표에 합의하는지 확인해본다. 코치이의 바램과 욕구를 반영한 목표를 먼저 다뤄주는 것이 효과적이다.

4단계. 목표달성이 가져다 줄 이점과 손실을 검토하고 목표달성에 장애가 될 수 있는 요인을 정확하게 파악한다. 문제행동은 해결해야 할 문제이지만 동시에 대처전략이기도 하다. 따라서 변화에 대해 양가적 태도와 감정을 갖는 것이 당연하다. 따라서 목표달성에 대한 양가적 태도와 감정을 탐색하고 이해하도록 도와주는 것이 중요하다. 또 목표 달성에 장애가 될 요인을 정확하게 파악하는 것이 중요하다. 기술이나 지식의 결함인지, 감정, 사고, 신념, 지각, 주변 사람들 등등에 대해 점검하고 대처전략 모색이 요구된다.

5단계. 필요한 경우 목표실행과정에서 원래 정한 목표를 수정하여 새로운 목표를 설정한다. 목표설정은 일회적 작업이 아니라 수정 가능한 역동적 과정이다. 목표 실행과정에서 필요한 경우 원래의 목표를 새로운 목표로 대체하거나 또는 코치이의 특성과 현재 상태에 좀 더 적합한 목표를 추가할 수 있다.

※ 코칭 TIP! 목표 설정 시 고려 사항

① 구체적이고 명확한 목표 : 목표는 아주 분명하게 정의되어야 한다. 코치이가 목표로 하는 게 정확하게 무엇인지 파악하도록 돕기 위해 소크라테스식 질문 기법을 사용하면 효과적이다.

☞ 소크라테스식 질문기법 1. 코치와 코치이 둘 다 문제에 대한 해답이 없어 문답법을 통해 협력적으로 가능성을 탐색하는 방법

☞ 소크라테스식 질문기법 2. 코치가 먼저 가능한 해결책을 볼 수는 있지만, 코치이에게 직접 말해 주는 것보다 질문을 통해 이 결론에 이르도록 유도하는 방법

② 목표의 현실성 : 목표는 현재 혹은 잠재적 기술과 능력에 근거해서 달성할 수 있어야 한다. 과하게 야심찬 목표는 시간이 지나면 코치이를 압도해 버리고 의욕을 저하하는 위험을 가져온다. 모든 내적 갈등은 목표달성을 더 어렵게 할 것이기 때문에 계획한 목표가 자신의 개인적 가치관과 일치하는지 숙고하는 것도 중요하다.

③ 측정 가능성 : 목표가 성취되었을 때 결과물과 성과를 어떻게 측정할 것인지를 기술해야 한다. 측정 가능한 목표를 설정하는 것은 코치이의 성취 과정을 훨씬 더 쉽게 성취하도록 하고 동기를 촉진한다.

④ 시간 한계성 : 목표가 성취되어야 하는 마감 기한에 대해 서로 합의하는 것이 중요하다. 코치이가 스스로에게 정해진 마감기한을 부과하는 것은 어렵지만 이는 코치이에게 계속 동기를 부여해준다.

⑤ 합의한 목표 : 목표에 대해 협의하여 동의를 얻어야 한다.

(2) 에니어그램 성격유형별 목표설정을 도와주는 코칭 질문

에니어그램 성격유형별로 코칭의 목표를 설정할 때의 특징을 살펴보고, 목표 설정을 동기화할 수 있는 코칭 질문을 살펴보면 다음과 같다.

① 에니어그램 8번 유형

8번 유형은 직설적이기 때문에 간접적인 질문을 받는 것은 시간낭비이거나 속임수라고 생각한다. 코치는 간결하고 솔직한 질문을 한다.

코칭질문

- 당신의 코칭 목표는 무엇입니까?
- 그 이유는 무엇입니까?
- 당신이 이 목표를 성취하게 되면 어떤 직접적인 이익을 얻게 됩니까?

② 에니어그램 9번 유형

9번 유형은 자신들의 목표를 명확하고 행동으로 옮길 수 있는 용어로 정의하는 것이 중요하다. 코칭 과정 동안 그런 목표가 자신들에게 구체적인 이정표가 되기 때문에 특히 중요하다. 처음에는 자신들이 정말로 원하는 것이 무엇인지를 분명하게 인식하는 데 어려움이 있을 수 있으므로 도움이 필요하다.

코칭질문

- 여러 가지 목표 가운데 가장 긴급하게 느껴지는 것은 어떤 것입니까?
- 다양한 문제에서 가장 중요한 것은 어떤 것입니까?
- 코칭의 목표를 눈으로 관찰할 수 있는 행동적 용어로 바꾸어 말해 주세요.

③ 에니어그램 1번 유형

1번 유형은 일반적으로 자신이 원하는 것이 분명하면서도 굉장히 좁게 목표를 정하는 경향이 있기 때문에 코칭 경험으로부터 얻을 수 있는 것이 제한적일 수 있다. 따라서 코치는 포부를 더욱 크고 넓게 하고 더 마음을 열 수 있도록 탄력적인 도움을 줄 필요가 있다.

코칭질문

- 이 코칭을 통해 당신은 자신을 위해서 어떤 구체적인 목표를 세우길 원합니까?
- 목표를 추구하는 데 유용하다고 보는 또 다른 장기적인 목표가 있습니까?
- 당신이 언급한 각각의 목표들이 중요하다고 생각하는 이유는 무엇입니까?

④ 에니어그램 2번 유형

2번 유형은 자신이 정말로 원하는 것에 대해 질문 받는 것을 좋아함에도 불구하고 자신의 목표를 알아내는 것을 어려워할 것이다. 코치들은 인내심을 가지고 몇 번을 캐묻고 자세히 들을 필요가 있다.

코칭질문
- 만약 당신이 코칭을 통해 가장 원하는 세 가지를 말할 수 있다면 그것은 무엇입니까?
- 당신이 지금 당장 필요한 것은 무엇입니까?
- 당신 자신을 돌보기 위해 당신이 해야 하는 첫 번째 단계는 무엇입니까?

⑤ 에니어그램 3번 유형

3번 유형은 자신들의 코칭 목표에 대한 분명한 토론과 확고한 결정이 내려지기를 기대한다. 어떤 3번 유형은 가장 이익이 될 코칭 결과를 결정하는 데 많은 도움이 필요해 목표설정에 어려움을 겪을 수 있다. 그러나 3번 유형이 오로지 더 성공을 거두는 것에만 집중하는 코칭은 성장하고 발전하는 데 도움이 되지 않는다.

코칭질문
- 당신에게 유용할 것이라고 생각이 드는 다른 추가적인 목표가 있습니까?
- 목표들이 주는 이득은 무엇입니까?
- 당신의 꿈이 무엇인지 말해주십시오. 당신이 사랑하는 것은 무엇입니까?

⑥ 에니어그램 4번 유형

어떤 4번 유형은 이야기하는 것을 좋아해서 코치가 자신이 하는 말 모두를 자세히 들어주기를 원해 시간이 오래 걸릴 수 있다. 어떤 4번 유형은 보다 내성적으로 자신의 코칭 목표에 대해 분명한 반응을 얻기 위해서 코치들이 많은 질문들을 해 주기를 원한다.

코칭질문
- 왜 이것들이 당신에게 매우 중요한지에 대해 내가 이해하도록 말해주시겠습니까?
- 자신이 원하는 모습은 어떤 것입니까?
- 당신은 인생에서 무엇을 창조하고 싶습니까?

⑦ 에니어그램 5번 유형

5번 유형은 코치와 매우 친해지기 전에는 자신의 감정에 대한 질문을 받는 것을 좋아하지 않기 때문에 간단하게 질문하는 것이 좋다.

코칭질문

- 코칭에서 가장 중요한 목표들은 무엇이라고 생각합니까?
- 왜 각 목표가 중요하다고 생각합니까?
- 그것이 자신에게는 어떤 의미가 있다고 생각합니까?

⑧ 에니어그램 6번 유형

6번 유형은 종종 소리 내어 생각을 표현하고 스스로를 꽤나 복잡하게 표현하기 때문에 코칭 목표에 대한 초기의 대화가 좀 길어질 가능성이 있음을 예상해야 한다. 자신을 불신하기 쉽기 때문에 몇 번의 코칭 미팅 동안 목표들을 여러 번 살펴보고 수정할 수 있다.

코칭질문

- 당신이 시간을 매우 잘 활용했다고 느낄 수 있는 코칭 목표는 무엇입니까?
- 왜 이것들이 중요합니까?
- 당신의 목표에 대한 우선순위를 정해주세요. 왜 그런 순서대로 정했는지를 말해 주세요.

⑨ 에니어그램 7번 유형

7번 유형은 코칭 목표를 세운다는 생각 자체는 좋아하지만 그 목표를 고수하는 것은 거부할 수도 있다. 종종 성취하고자 하는 목표가 너무 많고 그 어느 목표도 포기하고 싶어 하지 않는다. 특정한 목표에 계속 전념하는 것을 자유가 제약 받는 것처럼 느낀다. 자주 목표를 바꾸는 것은 결과에 대해 쉽게 책임을 지지 않으려 하는 것을 의미한다.

코칭질문

- 이 코칭이 매우 성공적으로 끝날 때를 생각해 보세요. 당신은 무엇을 성취할 수 있다고 상상하나요?
- 코칭으로부터 자기 자신을 위해 가장 원하는 것이 무엇일지에 대해 꿈꾸어보는 시간을 조금 가져보세요. 나 자신을 위해 가장 원하는 것은 무엇입니까?
- 코칭이 끝난 후에 당신과 다른 사람들이 당신에 대해 하는 말을 가장 잘 표현하는 세 가지 긍정적인 단어는 무엇입니까? 무엇 때문에 이 세 가지 긍정적인 단어가 그렇게 중요합니까?

※ 코칭 TIP! 유형 통합적 목표 설정을 돕는 코칭 질문

- 당신은 3년, 5년, 10년 뒤의 목표가 무엇입니까?
- 금년이 삶의 마지막 해라면 무엇을 하면서 기간을 보내겠습니까?
- 아무 걱정이나 문제가 없을 때, 가장 하고 싶은 일은 무엇입니까?
- 그것이 해결된 상태는 어떤 모습입니까?
- 그것이 해결된 상태를 보이는 대로 말해보시겠습니까?
- 현재의 상황이 어떻게 변화되기를 원합니까?
- 그런 변화는 당신의 인생에서 어떤 의미가 있습니까?
- 그것은 당신에게 어떤 유익이 됩니까?
- 이 문제를 해결하는 것이 당신에게 어떤 가치가 있습니까?
- 이번 코칭을 통해 당신이 원하는 것은 무엇입니까?
- 지금 당신의 상태에서 어떻게 변화하면 더 만족하실 것 같습니까?
- 당신이 원하는 모습은 어떤 것입니까?
- 그 문제가 해결되었다고 생각하고, 그때의 모습을 자세히 설명해 보시겠습니까?

※ 코칭 TIP! 목표 확인 질문

- 지금까지 세운 목표에 대해 어떻게 생각하십니까?
- 이 주제로 계속 대화하고 싶은데 괜찮습니까?
- 이 목표에 동의합니까?
- 큰 목표에 이르는 작은 목표를 설정했습니까?
- 그것은 목표달성에 가장 적합한 방법입니까?

※코칭 활동 8. 코칭 목표 점검하기

[활동 방법]

① 코칭 목표에 대해 점수 매기기로 의지 정도를 점검해 보기

당신에게 목표가 어느 정도 매력적입니까?	1－2－3－4－5－6－7－8－9－10
당신에게 목표가 어느 정도 도전적입니까?	1－2－3－4－5－6－7－8－9－10
당신에게 목표를 이룰 자신이 얼마나 있습니까?	1－2－3－4－5－6－7－8－9－10

② 진짜 자신이 원하는 목표인지를 점검해 보기

변화를 만들어내기 위한 긍정적, 그리고 부정적인 결과에 대하여 미리 예측을 해보고 그것이 진짜 자신이 원하는 목표인지를 점검해 본다.

당신이 목표달성에 실패를 하면 생활에 어떤 영향들이 일어나겠습니까?	당신이 목표달성을 하면 생활에 어떤 영향들이 일어나겠습니까?

3) 열정 점검

성취해야 할 목표가 결정되었다면, 이번 단계에서는 코치이가 지금까지 사용해왔던 전략을 확인하고 비효율성이 유지되는 이유를 탐색한다. 코치이의 성취를 방해하는 장애물을 구체적으로 살펴보고, 장애물에 대하여 심사숙고할 때 드는 전형적인 생각, 자신의 목표와 관련된 무익한 생각에서 발생하는 정서 및 행동적 결과를 점검한다.

이러한 코칭의 과정을 열정에 대한 점검이라고 한다. 열정에 대한 점검을 통해 코치이는 스스로가 바라는 상태로 가지 못하고 번번이 좌절하는가를 점차 이해하게 된다. 무엇이 소망을 방해하고 에너지를 가로막는가? 마음 속의 무엇이 두려움을 심어 주고 마음을 마비시키는가? 왜 어떻게 자동적으로 또는 기계적으로 열정충동에 의해 반작용을 일으키는가? 그러한 메커니즘을 이해하게 된다. 열정 점검을 위한 메커니즘은 한국형에니어그램코칭의 빙산모델로 설명할 수 있는데 [그림 11]과 같다.

① **무의식적 에너지상태가 열정상태이다. 열정(passions)은 기본적인 추진력(driving force)이며 방어전략이다.** [그림 11]과 같이 코치이는 무의식적 에너지의 상태, 즉 에니어그램 성격유형별 두려움과 욕망으로 왜곡이 일어나 악덕의 상태로 오게 된다. 이는 무의식적 신념과 동기로 인해 행동이 출현되는 상태로 에니어그램에서 말하는 열정의 단계이다. 열정은 에니어그램의 각 성격유형이 자신의 강박에 사로잡혀 있는 상태로 비효율적 행동을 무의식적, 자동적으로 하는 것이다. 열정 점검의 단계는 열정으로 인해 강박행동을 하고 있는 자기를 발견하고 비효율적임을 자각함으로써 신성한 상태로 가도록 돕는다. 또한 열정은 에니어그램 각각의 성격유형들이 가장 기피하는 것이며 단점이자 약점이기도 하다. 자신의 힘이 어디서 오는지를 알지 못하면 힘을 부리는 것이 아니라 힘에 부림을 당한다. 자기도 모르는 열정에 사로잡혀 떠밀리듯이, 끌리듯이 생각하고 말하고 행동하며 살아가게 되는 것이다. 세상이 바뀌고 환경이 변해도 성격유형은 그대로 있기 때문에 늘 같은 반응이 나오고 따라서 같은 실수와 잘못이 반복된다. 열정 점검의 단계에서 중요한 것은 바로 단점과 장점은 하나라는 인식이다. 단점을 뒤집으

면 그것이 바로 장점이 된다. 단점을 뒤집어서 장점으로 만들기 위해서는 그 실체와 속성을 바로 알아야 한다. 그 방향을 어떻게 조절하느냐에 따라 힘의 성격이 달라진다. 방향이 잘 조절되면 창조적인 힘이 되지만 어긋나면 파괴적인 힘이 된다. 따라서 열정을 다루는 법을 배우고 익히는 것이 중요하다.

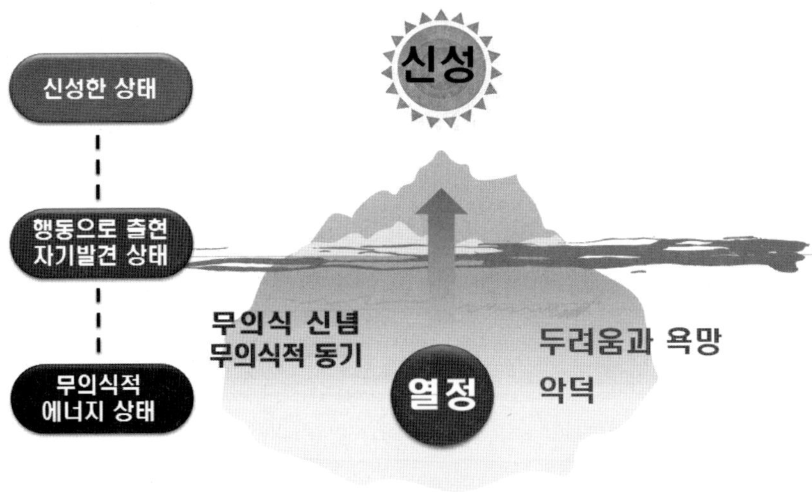

[그림11] 한국형에니어그램코칭의 빙산모델

② **진정한 자기발견상태는 열정적 악덕을 자각함으로써 본래의 신성한 상태로 진행하는 첫걸음이다. 자아가 행동으로 출현할 때 열정을 점검하여 신성한 상태로 가도록 의식적으로 내적 자원을 개발하는 것이다.** 효과적인 코칭이 되기 위해서 코치는 단순히 표면적인 행동과 태도들만 이야기하지 말고, 비효율성을 초래하는 무의식적 반복패턴인 에니어그램의 열정이 나타나는 다양한 방식을 경험하도록 도와야 한다. 그런 후에 코치이는 자신이 가진 폐쇄된 성격 체계를 발견하고, 그 체계에 영향을 끼치는 내면의 자신으로부터 거리를 두게 되어 객관적일 수 있게 된다. 스스로를 관찰함으로써 자신의 무의식적 반복 패턴을 발견하고, 그로부터 벗

어날수 있다(Howe-Murphy, 2007). 그러나 개인 스스로 오랜 관습으로부터 벗어나기란 거의 불가능하다. 그래서 코치이의 개성을 볼 수 있고 코치이의 자기에 접근할 수 있게 도와주는 에니어그램 코치의 역할이 중요하다.

※ 코칭 TIP! 열정의 형성과정에 대한 이해

인간들은 대부분 어린 시절 이후로 습관적으로 살아가기 때문에 자기를 이해할 끈을 발견하지 못한 채로 한 생애를 흘려버린다. 만 여섯 살을 전후하여 형성된 성격이 습성과 습득에 의해 반사적으로 표현되는데 여기에는 자기도 모르는 열정과 열정충동이 숨어 있게 마련이다. 이처럼 만 6세 때 성격이 형성되는 것은 다음과 같은 양상을 공통적으로 경험하기 때문이다.

첫째, 태어나서 부모의 양육을 받는 과정에서 부모가 아무리 잘 돌보아도 사람은 누구나 상처를 입는다.

둘째, 아이는 본능적으로 사랑받기 위해 애쓰면서 자기 생명과 안전을 지키려는 노력을 하게 되고 이것이 성격으로 발달한다.

셋째, 모든 사람은 어릴 적부터 자기 생존과 방어를 위한 전략을 세운다. 어떤 아이는 자기가 원하는 것을 얻기 위하여 울든가, 떼를 쓰고 악을 쓰든가, 모르는 척 시치미를 떼든가 하면서 자기 나름대로 길을 찾는다. 생존을 위한 이런 전략은 다른 한편으로는 그 사람이 지니게 되는 '숨은 열정' 이나 열정충동으로 자라게 된다.

넷째, 어린 시절에 자기 생존과 방어 전략이 세워지게 되면 아무리 나이를 먹어도 속에서 그 아이가 들어앉아 살면서 세상과 사람들에게 반응한다.

세상이 바뀌고 환경이 변해도 성격 유형은 그대로 있기 때문에 늘 같은 반응이 나오고 따라서 같은 실수와 잘못이 반복되게 마련이다. 따라서 에니어그램 코칭을 통해서 문제를 해결하기 위해서는 무엇보다 먼저 분명히 살펴야 할 점은 자기 자신의 열정충동을 확인하는 것이다.

에니어그램의 열정에 대한 점검은 TFM 평가모형(Thoughts, Feelings, Moving)을 통해 코치이로 하여금 자신의 생각, 감정, 행동이 상호작용하는 방식을 관찰하도록 한다. 그 결과, 코치이 본인이 바라보는 장애물을 향한 태도인 열정이 무익한 구조를 만들어 낼 뿐만 아니라 유지하고 있음을 알게 도와준다.

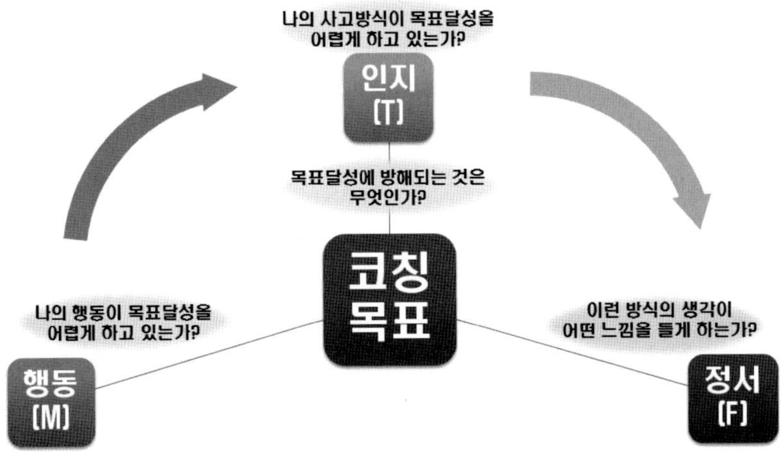

[그림12] TFM 평가모형

(1) 인지 다루기

인지 영역에서는 내면 비평가 메시지, 자아 개념 그리고 무의식적 신념을 다룬다. 내면 비평가 목소리는 '초자아(superego)'로 유년시절에서부터 나온 권위자, 규칙, 명령 등의 목소리를 내면화시키는 성격의 기능이다. 우리는 내면 깊이 새겨진 내적 규칙에 따라 기능하며, 이를 통해 자아 개념, 즉 자기 자신을 바라보는 방식이 결정된다. 이렇게 형성된 자아 개념은 대부분 현실과는 일치하지 않는 왜곡되고 과장되거나 수축된 관점을 지니게 된다. 우리는 초점을 좁히고 자기의 신념을 지지하는 정보를 수집함으로써 고정관념을 강화시키고 반대되는 정보를 제공하는 다른 경험은 무시한다. 이 모든 인지 패턴의 근저에는 바로 무의식적 신념이 있다. 신념은 열정과 열정으로 인한 사고의 집착, 즉 삶의 가치관을 반영한다. 인간은 삶 속에서 신념화된 가치관을 완성하기 위해 무의식적으로 에너지를 집중한다. 우리가 의식하지 못한 채 무의식적으로 행동할수록 코치이는 성격에 고착하게 되고, 자신의 의도와는 상관없이 더욱 역기능에 빠지게 만든다.

(1) 내면 비평가 메시지

내면 비평가 또는 에니어그램 용어로 '초자아(superego)'는 유년시절에서부터 나온 권위자(규칙, 표준, 명령 등)의 목소리를 내면화시키는 성격의 기능이다. 에니어그램 성격유형들은 각자 자신에게 깊이 새겨진 내적 규칙에 따라 습관적으로 기능한다(Howe-Murphy, 2007).

① **에니어그램 8번 유형 :** 8번 유형의 초자아 메시지는 "네가 강하고 상황을 통제할 수 있으면 너는 좋고 괜찮다."이다. 나는 강하고 상황을 통제한다. 그것은 내가 긴장을 풀 수 있는 상황과 통제해야 하는 상황을 잘 구별하지 못하게 한다.

② **에니어그램 9번 유형 :** 9번 유형의 초자아 메시지는 "네 주변 사람들이 좋고 괜찮다면 너는 좋고 괜찮다."이다. 내가 괜찮기 위해서는 타인의 기분도 좋아야 한다. 타인이 아프거나 불편할 때에 내가 좋거나 행복하거나 편안한 것은 괜찮지 않다고 생각한다.

③ **에니어그램 1번 유형 :** 1번 유형의 초자아 메시지는 "네가 옳은 일을 하면 너는 좋은 사람이고 괜찮다."이다. 만일 내가 나 자신을 좋게 보려면 올바르기 위해 행해야 할 것이 무엇인지 판단하는 내면 비평가의 평가를 따라야 한다. 내면 비평가는 내가 옳은 것을 해야 한다고 주장한다.

④ **에니어그램 2번 유형 :** 2번 유형의 초자아 메시지는 "다른 사람에게 사랑받고 사람들과 가까이 지내면 너는 괜찮다."이다. 타인의 욕구를 나의 욕구보다 앞세우지 않

으면 나는 가치가 없고 사랑받지 못한다. 누군가 나에게 크게 웃어주지 않으면 내가 사랑받지 못하고 있으며 내가 충분히 사랑받을 만한 행동을 하지 않은 것이다.

⑤ **에니어그램 3번 유형 :** 3번 유형의 초자아 메시지는 "다른 사람이 너에 대해 좋은 생각을 갖고 있으면 너는 괜찮다."이다. 나의 내면의 목소리는 성공과 업적에만 가치를 두고, 성공을 통해 타인에게 인정받아야만 한다. 그렇지 않으면 나는 실패자이고 존재 그 자체만으로는 어떤 고유의 가치도 없다고 주장한다.

⑥ **에니어그램 4번 유형 :** 4번 유형의 초자아 메시지는 "네 자신이 진실하다면 너는 괜찮다."이다. 내가 좋다고 느끼기 위해서는 나 자신에게 진실해야 한다. 내 감정이 나에게는 진실이기 때문에 나의 감정에 따라야 하는 것을 의미한다.

⑦ **에니어그램 5번 유형 :** 5번 유형의 초자아 메시지는 "네가 어떤 것에 대해서 완전히 알게 되면 너는 괜찮을 것이다."이다. 내가 괜찮기 위해서는 아이디어, 정보, 특정한 주제에 대한 이해 등 어떤 것을 통달해야 한다. 내 몸에 기반을 둔 실제적인 삶 대신에 내 생각 속에서의 삶을 계속 살 것이다.

⑧ **에니어그램 6번 유형 :** 6번 유형의 초자아 메시지는 "다른 사람이 요구하는 것을 한다면 너는 좋고 괜찮다."이다. 나는 내게 기대되어진 것을 한다. 너무 조심하는 것, 타인의 기대가 무엇인지 알아내는 것, 그리고 그것을 이루려고 너무 열심히 노력하는 것은 나를 지치게 만든다. 항상 나의 주의를 바깥 세상에 기울이게 한다. 6번 유형이 잃어버린 내면의 메시지는 "너는 안전하다."이다.

⑨ **에니어그램 7번 유형 :** 7번 유형의 초자아 메시지는 "네가 원하는 것을 얻는다면 너는 좋고 괜찮다."이다. 내가 필요한 것을 얻으면, 탐닉, 새로운 경험의 계속적인 추구 혹은 더 물질적인 것으로 보상한다. 결국에는 추구하는 것이 채워질 것이라고 나를 확신시키려 한다.

(2) 자아 개념

자아 개념이란 자기 자신에 대한 능력, 태도, 느낌 등을 모두 포괄하는 주관적인 자기 자신에 대한 견해이다. 에니어그램 성격유형은 자기 자신을 바라보는 방법이 유형별로 특별한데, 대부분 현실과는 일치하지 않는 왜곡되고 과장되거나 수축된 관점을 지니고 있다. 우리는 초점을 좁히고 자기 관점을 지지하는 정보를 수집함으로써 고정관념을 강화시키고 반대되는 정보를 제공하는 다른 경험은 무시한다(Howe-Murphy, 2007).

① **에니어그램 8번 유형 :** 나는 나를 강하고 주장적이고 자립적인 사람으로 본다. 나는 강한 의지를 가지고 있고 일이 되게 만든다. 그러나 자신에 대한 과신은 결과적으로 자신의 상한 감정을 경험하고 거대한 힘의 근원이 되는 연약함을 드러내는 데 어려움을 겪게 한다.

② **에니어그램 9번 유형 :** 나는 나 자신을 침착하고 평화롭고 원만한 사람으로 본다. 타인이 나를 평화롭고 좋은 사람으로 보기를 원하는데 이것은 타인들과 관계를 유지하는 데 도움이 된다고 생각하기 때문이다.

③ **에니어그램 1번 유형 :** 나는 내 자신을 합리적이고 객관적이라고 본다. 나는 감정이 혼란을 야기한다고 생각함으로 감정을 억제한다. 그러나 과도하게 사용하면 감정적이나 영적인 차원을 이해하고 표현하는 능력을 제한한다. 비합리적인 것으로 해석되는 어떤 경험들은 폭발적인 에너지를 만들어낸다.

④ **에니어그램 2번 유형 :** 나는 나 자신을 사랑스럽고 잘 보살펴주는 이타적이라고 본다. 만일 나를 타인들에게 도움을 주는 존재로만 본다면, 나 자신에게 체험하거나 표현하지 못하게 하는 많은 다른 특성들이 있음을 알지 못하게 된다. 내가 도와주어야 한다고 항상 느끼는 것은 타인들에게 분개하는 느낌을 갖게 하지만

이것을 인식하는 것은 어렵다.

⑤ **에니어그램 3번 유형 :** 나는 내가 탁월하고 타인으로부터 존경받으며 무한한 잠재성을 가진 존재로 보고 싶다. 스스로 연약해지거나 어떤 것에서 뛰어나지 못하다는 것을 인정하고 싶지 않다.

⑥ **에니어그램 4번 유형 :** 나는 나 자신을 독특하고 직관적이고 민감하다고 본다. 나는 타인들이 나의 독특성을 알아주길 바라고, 그들이 나를 이해하지 못하거나 알아주지 않는다고 생각할 때 좌절한다.

⑦ **에니어그램 5번 유형 :** 나는 나를 영리하고, 지각 있고 객관적이라고 본다. 내 자신이 제공할 수 있는 독특하고 통찰력 있는 무언가를 가지고 있다고 생각하고 내가 필요하다고 생각하는 한 통찰을 얻거나 준비하기 위해 생각 속에 머물 것이다. 행동으로 옮기기 전에 정신적으로 잘 준비될 필요가 있기에 미성숙한 행동이라고 생각되는 것 속으로 뛰어들기 싫다.

⑧ **에니어그램 6번 유형 :** 나는 나 자신을 호감이 가고 신뢰할 수 있는 사람으로 본다. 내가 나를 호감이 가고 신뢰할 수 있는 존재로 본다 할지라도 나의 자아 개념은 타인들이 나에 대해서 느끼는 것에 달려 있다. 이것은 나의 인생에 대한 나 자신의 권위를 침해한다. 항상 책임을 져야 한다는 느낌은 자주 서로 갈등을 초래하는 많은 책임을 만들기 때문에 결국에는 분개하거나 진퇴양난에 빠지게 한다.

⑨ **에니어그램 7번 유형 :** 나는 재미있고 열정적인 사람이라고 본다. 나는 자극적이고 자극받는다. 내가 슬픔을 느끼거나 내 마음 속에 존재하는 것에 대해 내 스스로 허용하지 않을 때를 제한한다.

(3) 무의식적 신념

9가지 성격 유형마다 무의식적 신념을 가지는데 일종의 중앙 작동 원리이다. 마치 인지 필터처럼 수많은 외부 정보들 중에 일부만을 선택해서 받아들이며 그 과정을 통해 무의식적 신념은 더 강화된다. 신념에 부합하지 않는 정보들은 무의식 단계에서 걸러진다. 따라서 무의식적 신념과 다른 시각을 제공할 수 있는 정보들은 무시되며 개인은 그런 정보들이 있는지도 인식하지 못하게 된다. 이런 과정이 반복되면서 개인은 자신의 경험이 진리라고 확신하게 된다. 이 무의식적 반복 패턴 자체가 너무 현실로 느껴져서 종종 사람들은 그 패턴이 자신이라고 생각한다. 무의식적 반복 패턴은 마치 공기와 같이 자연스럽고 의심할 여지를 주지 않는다. 또한 사람들은 무의식적 신념과 무의식적 반복 패턴이 있다고 생각조차 하지 않는다.

〈표 3〉 에니어그램 성격유형별 무의식적 신념

	무의식적 신념
8번	• 불공정한 세상이다. 나는 스스로를 보호해야 한다. • 세상은 강자와 약자로 나뉘어져 있다. 부드럽거나 약점이 있으면 안전하지 않다.
9번	• 나의 존재는 중요하지 않다. • 나는 연결되기 위해 나 자신을 망각해야 한다. 나 자신을 주장하는 것은 옳지 않다.
1번	• 나는 일을 옳게 만들 책임이 있다. • 나는 불충분하다. 나는 나 자신 고유의 역할과 올바름을 만들어 내야만 한다.
2번	• 나 자신의 필요를 채우는 것은 이기적인 것이다. 관계는 가장 중요한 것이다. • 나는 사랑을 얻어야 한다. 사람들은 관대하고 친절한 사람들을 좋아한다.
3번	• 삶은 경쟁이다. 나는 최고여야 한다. 나의 가치는 성공으로부터 온다. • 계속해서 목표에 집중하라. 그러면 그 밖의 모든 것이 형통할 것이다.
4번	• 나는 중요한 어떤 것을 잃어버렸다. 중요한 무엇인가가 없기 때문에 너무 달라서 아무도 나를 이해할 수 없다. • 자신의 개인적인 경험을 제대로 파악해야 한다.

5번	• 외부세계엔 나를 위한 공간이 없다. 나는 혼자다. • 나는 내 방식으로 한다. 어떤 도움도 필요 없다. 모든 것은 알 수 있는 것들이다.
6번	• 세상은 위협적이고 위험하다. 나는 다른 사람들을 신뢰할 수 없다. • 최고에 대한 희망을 갖지만, 최악에 대비해서 늘 계획을 세운다.
7번	• 나를 만족시키는 진실한 자원은 나의 외부에 있다. 나는 경험해야 한다. • 아무도 나를 만족시키지 못한다. 나는 혼자이다.

※ 셀프코칭 메시지
"모순적인 이야기지만 있는 그대로 나 자신을 받아들일 때 나는 바뀔 수 있다"

– 칼 로저스(CARL ROGERS)–

(4) 유형별 인지패턴 탐색질문

에니어그램 성격유형별 인지패턴을 탐색하는 코칭 질문을 살펴보면 다음과 같다.

① **에니어그램 8번 유형 :** 8번 유형의 인지패턴은 나는 꼭 지도자가 되어야만 한다. 그러기 위해 좋은 것은 싸워서 쟁취해야 하는 것이다.

코칭질문

– 지금 무엇을 해야겠다는 생각이 드시나요?
– 다른 사람이 나를 통제한다면 무슨 일이 벌어질까요?
– 만약에 당신의 약한 모습을 타인이 안다면 어떤 일이 생길 거라고 예상하나요?
– 다른 사람들로부터 도움과 협력을 얻기 위한 효과적인 방법을 생각한다면?
– 당신이 원하는 것은 정당한 것인가요? 그것을 어떻게 증명할 수 있을까요?
– 누군가가 당신에게 압력을 가했을 때를 생각해 보세요.

② **에니어그램 9번 유형 :** 9번 유형의 인지패턴은 나는 중재자가 되어야 한다. 평화로워지기 위해서는 모든 사람의 생각을 받아들여야 한다.

코칭질문

- 지금까지 시도해 본 것은 무엇인가요?
- 만약 모든 사람들이 당신의 말을 귀 기울여 듣기를 바라지 않는다면?
- 알면서도 행동으로 옮겨지지 않는데 있어서 중요하게 작용하는 생각은 무엇인가요?
- 당신은 어떤 때 해야 할 일을 미루나요? 이러한 상태에서 깨어나기 위해서는 어떤 조건이 필요한가요?
- 당신이 원하는 것을 제쳐 두고 남들의 선택, 원하는 것을 했던 때를 말해주세요. 그렇게 했을 때 당신은 스스로에 대해서 어떻게 생각했나요? 그렇게 함으로써 무엇을 얻기를 희망했나요?

③ **에니어그램 1번 유형 :** 1번 유형의 인지패턴은 나는 개혁가이다. 따라서 모든 것은 완벽해야만 한다.

코칭질문

- 이런 상황에 적용하는 당신의 원칙은 무엇인가요?
- 잘못된 상황에서 드는 생각은 무엇인가요?
- 이 생각이 문제를 해결하는데 도움이 되나요?
- 나의 판단이 옳다는 것을 어떻게 증명할 수 있을까요?
- 만약 당신이 흠 있는 사람이라면 무슨 일이 벌어질까요?
- 모든 것이 완벽하다면 어떻게 배우고 성장해 나갈까요?

④ **에니어그램 2번 유형 :** 2번 유형의 인지패턴은 나는 조력가이다. 다른 사람들의 욕구를 크고 중요한 일로 보고 자신의 욕구는 사소하게 취급해야 한다.

코칭질문

- 과거에는 무엇이 효과가 있었나요?
- 만약 당신이 다른 사람의 부탁에 대해 '아니오'라고 말한다면 어떻게 될까요?
- 그 상황에서 당신이 정말 원하는 것은 무엇입니까? 당신을 주어로 이야기해 주세요.
- 다른 사람들과의 관계를 확고히 하기 위해서 당신이 개인적으로 하는 것이 무엇인지 말해주세요.

⑤ **에니어그램 3번 유형 :** 3번 유형의 인지패턴은 나는 성취자이다. 세상은 승자만 가치 있게 여긴다는 말이 진실이며 사실의 반영이다.

코칭질문

- 무엇이 현재 당신의 문제를 만들었다고 생각하나요?
- 만약 당신 자신이 실패하도록 내버려 두었다면 어떻게 되었을까?
- 실패한 사람에 대해 어떤 생각을 갖고 있나요?
- 당신에게 성공은 무엇을 의미하나요?
- 당신이 지금 목표를 향해 달려가는 속도를 조금 늦춘다면 어떤 일이 일어날 것 같은가요?

⑥ **에니어그램 4번 유형 :** 4번 유형의 인지패턴은 나는 예술가여야 한다. 중요한 무엇인가를 잃어버렸기 때문에 나만의 독특함을 찾아야 한다.

코칭질문

- 과거에 효과적인 행동이 있었다면, 무엇 때문에 가능했나요?
- 누구와 함께 있을 때 내가 중요한 사람이라는 생각이 드나요? 그 사람은 내게 어떻게 해 주나요?
- '나 답다'는 것은 당신에게 어떤 의미인가요?
- 당신이 어떤 능력을 가졌으면 하고 공상할 때가 있는가요?
- 이런 자질에 끌리는 것은 어떤 이유에서인가요?

⑦ **에니어그램 5번 유형 :** 5번 유형의 인지패턴은 나는 항상 사색가여야 한다. 나는 혼자이기 때문에 반드시 모든 것을 알아야 한다.

코칭질문

- 초대받지 않은 사람이 당신에게 접근할 때 어떻게 하나요?
- 만약에 당신이 논리 이외에 신뢰할 수 있는 것이 있다면 그것은 무엇인가요?
- 논리처럼 어떻게 해야 당신이 그것을 신뢰할 수 있도록 배울 수 있을까요?
- 당신이 다른 사람과 논쟁을 벌일 때 몸에서 어떤 느낌이 일어나는지 살펴보세요.
- 당신의 주장을 상대방에게 납득시키는 것이 얼마나 중요한가요?
- 당신은 그것을 통해 무엇을 기대하나요?

⑧ **에니어그램 6번 유형 :** 6번 유형의 인지패턴은 나는 늘 충성가이다. 세상은 위험하고 의심스럽기 때문에 늘 준비해야 한다.

코칭질문

- 당신이 생각하고 있는 최악의 시나리오는 무엇입니까?
- 그러한 일이 생기지 않도록 계획을 세운다면 무엇입니까?
- 지금 현재 일어나고 있는 일은 무엇입니까?
- 당신의 마음속에서는 어떤 일들이 벌어지고 있습니까?
- 모든 일이 잘 될 것이라는 것을 믿는 데 어떤 어려움이 있나요?
- 당신은 문제에 대해 걱정하기를 선택하나요, 그렇지 않으면 편안하게 긴장을 풀고 있기를 선택하나요?
- 당신은 야채를 재배하고 유통시키는 데 참여하지 않았는데도 야채를 먹을 수 있습니다. 당신이 시간과 노력을 기울이지 않았는데도 당신을 매일 도와주고 있는 것은 무엇인가요?

⑨ **에니어그램 7번 유형 :** 7번 유형의 인지패턴은 나는 낙천가이다. 삶은 끝이 없는 가능성들로 가득 차 있기 때문에 걱정할 필요가 없다.

코칭질문

- 일들이 잘 풀리지 않을 때는 당신이 무엇을 할 수 있는지에 대해서도 이야기해 주세요.
- 만약에 그것이 전적으로 당신의 잘못이었다면 어떻게 되었을까요?
- 당신의 책임은 무엇이었는지를 확인할 수 있도록 상황을 재조명해서 이야기해 주세요.
- 당신이 지금 이 상황에서 분위기를 고양시키는 역할을 하지 않는다면 무슨 일이 일어날 것으로 생각되나요?
- 당신이 지금 경험하는 것에서 뭔가 놀라운 것을 찾아보세요.
- 바로 지금 당신은 어떤 선물을 받고 있나요?

※ 코칭 TIP! 유형통합적 인지패턴 탐색질문

- 실제 발생한 일과 희망하는 일 사이에 차이가 생긴 이유는 무엇이라고 생각하십니까?
- A방법을 쓴다면 당신이 원하는 대로 될 것이라고 확신하는 이유는 무엇입니까?
- 당신이 해볼 수 있는 방법으로는 어떤 것이 있습니까?
- 이런 상황을 개선하려면 어떻게 해야 할까요?
- 그러면 목표를 달성하기 위해서 무엇이 필요하다고 생각하십니까?
- 어떤 사고방식과 패러다임이 필요합니까?
- 제 경우라도 참기 힘들 텐데, 앞으로 어떻게 하실 계획입니까?
- 만일 당신이 ____________ 라면 5년 전에 비해 달라진 이유가 어디에 있다고 생각합니까?
- 경력이 별로 없다는 것을 궁극적으로 보면 어떤 의미가 있을까요?
- 인생은 이제부터라고 생각하고 완전히 처음부터 다시 시작한다면 무엇을 하겠습니까?
- 다른 방안이 있다면 그것은 무엇입니까?
- 이를 통해 새롭게 알게 된 것은 무엇입니까?
- 이 과정을 통해 발견한 것은 무엇입니까?
- 어떤 문제점들이 더 있을까요?

2) 정서 다루기

정서영역에서는 인간 행동의 동기가 되는 기본적 두려움과 욕망을 탐색하고, 그 결과 무의식적인 정서분위기를 형성하게 만드는 악덕을 살펴본다. 두려움은 인간으로 하여금 생존에 위협이 됨을 미리 알려줌으로써 그 위험에서 피하도록 동기를 유발하고 행동에너지를 제공한다. 그러나 두려움에 사로잡히게 되면 그것으로부터 도망치려 하거나 잊으려고 필사적인 노력과 욕망을 갖게 됨으로써 역기능이 된다. 에니어그램에서 성격유형별 기본적 두려움은 욕망을 갖게 하여 왜곡에 빠짐으로써 자아정체성에 있어 중요한 역할을 하는 왜곡되고 습관적인 감정적 패턴인 악덕을 형성한다.

(1) 두려움과 욕망 : 동기

에니어그램의 성격유형론에 따르면 각 유형은 기본적인 두려움에 의해 움직인다. 원초적인 결핍이 강한 무의식적인 불안감을 느끼게 하는데, 그것이 바로 기본적인 두려움이다. 두려움은 실제적인 위험이 아니라 결핍에 대한 기억이 투영되어 불안이나 공포 등의 모습으로 나타나는 심리적 상황일 뿐이다. 어린 시절 필요가 충족되지 못하고 그 흐름이 막히게 됨으로써 우리 안에 어떤 중요한 요소가 결핍되어 있다고 느낀다. 이 느낌은 자연스럽게 깊은 불안을 만들어 낸다. 후에는 자신에게 뭔가 근본적인 문제가 있다는 결론에 도달하게 된다. 그것은 말로 표현할 수 없는 강한 무의식적인 불안이다. 이것이 바로 기본적인 두려움이다.

두려움은 자아에게 위험신호를 보내는데, 두려움이 고통스럽기 때문에 사람들은 그 위험을 제거하거나 모면하기 위해 행동하게 된다. 즉, 인간의 행위는 욕망에 의해서만 결정되는 것이 아니라 두려움과 상관관계에 의해 복합적으로 작용하여 원하는 쪽으로 나아가려 하고 두려운 것을 회피하려는 경향으로 결정된다.

기본적인 두려움을 보상하기 위해서 기본적 욕망이 생긴다. 기본적 욕망은 삶을 영위하기 위해서 기본적 두려움에 대항하여 스스로를 방어하는 방식이다. 기본적인 욕망은 우리가 안전하다고 믿도록 만들어 주는 것이며, 모든 인간이 당연하게 갖고 있는 욕구를 나타낸다. 그러나 각 유형은 그 유형이 갖고 있는 기본적인 욕망을 이상화하고 그것만을 추구하기 때문에 당연하게 가져야할 다른 인간적인 욕구는 무시하기 시작한다. 그러나 중요한 건 기본적인 욕망에게는 아무 잘못이 없다는 사실이다. 문제는 우리가 자신을 패배시키는 잘못된 방식으로 기본적인 욕망을 충족시키려 한다는 데 있다. 모든 성격유형들은 기본적인 욕망을 과도하게, 잘못된 방식으로 추구함으로써 자신을 파괴시킬 수 있다.

내재된 두려움과 욕망은 서로 다른 방향으로 향하며 충돌하고 내적 갈등을 심화시킨다. 이것은 코치이의 행위의 방향을 결정하는 원인이 되고, 다른 사람들에게 내재된 두려움, 욕망과 서로 충돌하면서 외적 갈등을 발생시킨다.

〈표 4〉 에니어그램 성격유형별 기본적 두려움과 욕망, 욕망의 왜곡

	기본적 두려움	기본적 욕망	욕망의 왜곡
8번	• 다른 사람에게 해를 당하거나 통제당하는 것	자신을 보호하고자 하는 욕망	끊임없는 싸움
9번	• 연결을 잃는 것 • 자기 혼자 떨어져 나가는 것	평화에 대한 욕망	고집스러운 태만
1번	• 사악하고 부도덕하고 결함이 있는 것	완전하고자 하는 욕망	비판적 완벽주의
2번	• 사랑받을 가치가 없는 것	사랑받고자 하는 욕망	꼭 필요한 사람
3번	• 가치 없는 것 • 타고난 재능이 없는 것	가치 있게 여겨지고자 하는 욕망	성공을 쫓는 것
4번	• 정체성이 없는 것 • 자신이 중요한 존재가 아닌 것	자기 자신이고자 하는 욕망	방종으로 왜곡
5번	• 쓸모없고 무능하게 되는 것	유능해지고자 하는 욕망	쓸모없는 전문화
6번	• 도움과 안내를 받지 못하는 것	안전하고자 하는 욕망	확신에 대한 집착
7번	• 자신이 가진 것을 박탈당하는 것 • 고통에 빠지는 것	행복하고자 하는 욕망	광적인 도피

(2) 악덕

인간 내면의 밑바닥에 깔려있는 상처와 슬픔, 그리고 상실감은 너무나 커서 인간의 자아는 감정적인 상처를 극복하기 위해 특별한 방식으로 나아가는데 이것이 바로 악덕이다(Oscar, 1982). 악덕은 미덕(virtues)을 잃어버리고 현실에 대한 근원적 편견에서 비롯된 각 유형의 감정 상태 혹은 정서적 분위기를 나타낸다. 이는 각 유형을 특징짓는 영속적이며 열정적인 감정 기질을 이루어 민감하게 반응하며 강렬하다. 또한 개인의 완전함과 충만함의 느낌에 장애물이 된다. 에니어그램의 악덕은 너무 근원적인 것이고 지배적이어서 개인의 성장을 방해하고 다른 사람의 도움 없이는 발견하기가 매우 어렵다. 내면으로부터 쉽사리 보이지 않기 때문이다. 에니어그램의 성격유형별 아홉 가지의 악덕은 다음과 같다.

① 8번 : 관능

8번 유형은 악덕이 '관능'으로 나타난다. 관능이란 성적인 욕망만을 말하는 것이 아니라 욕망이 매우 강하다는 것이다. 관능은 온 마음가짐 즉, 삶 전반을 향한 감정적인 태도로서 강렬하고 게걸스러운 식욕, 이성을 망각한 탐욕의 수준까지 확대된 욕구이다. 이들의 과도한 욕망은 물질의 세상에서 최대한 많이 흡수하고 게걸스럽게 섭취함으로써 내면의 메마름을 완화시키려고 한다. 관능은 마음껏 즐기는 태도, 원기 왕성하게 넘치는 자신감, 정열적으로 삶에 뛰어드는 자세로 가장 확실하게 쾌락을 주는 모든 것에 욕구를 반영한다. 감각적, 관능적, 만족과 육체적 쾌락을 향한 열정적 충동으로 격렬함이 따르고 만족할 줄 모른다.

② 9번 : 나태

9번 유형은 악덕이 '나태'로 나타난다. 나태는 정신적 측면으로 뭔가 새로운 것을 시도하려는 생각조차 게을리 하는 것이다. 단순한 게으름이 아닌 삶에 영향받지 않으려는 욕구로 삶에 완전히 뛰어들어 활기 있게 살고 싶어 하지 않는 마음이다. 습지 자욱한 안개 속에 갇힌 듯한 내적 경험으로 아무것도 뚜렷하게 보이지 않고 구별되지 않으며 모든 것이 어둠침침하고 산만하게 흩어진 속에 있는 듯한 내적 상태를 말한다. 미루려는 버릇, 무기력함, 빠른 시간 내에 직무를 완수하기 위한 분간의 어려움, 온갖 일을 다 하면서 막상 진짜로 처리해야 될 일은 하지 않는 형태로 표현된다.

③ 1번 : 분노

1번 유형은 악덕이 분노로 표현된다. 세계가 너무나도 불완전해서 화가 나 있다. 불완전함이 자신한테서 발견될까 봐 더욱더 공격적인 태도를 취한다. 그러나 분노 역시 불완전하기에 분노를 받아들이려 하지 않는다. 1유형이 자신의 분노를 인지하지 않고 '자기 것'으로 만들지 않는다면 그는 그것을 자녀나 배우자의 탓으로 또는 집안이나 세상 탓으로 돌릴 것이다. 1번에게는 분노 그 자체가 문제가 되기보다 분노를 억압함으로써 좌절감을 겪고 자신과 세계에 대해 불만을 갖는 것이다.

④ 2번 : 교만

2번 유형은 악덕이 '교만'으로 나타난다. 남의 필요를 발견하고 도와주면서도 그 일을 은근히 자랑한다. 교만은 자신의 고통을 인식하지 못하거나 인식하지 않으려는 것을 말한다. 자신이 사랑스럽지 않으며 가치롭지 않다는 내면의 느낌을 보상하기 위해 부풀려진 것이다. 자만한 자기팽창은 자신이 중요한 사람이라는 착각으로 주위 사람들의 동경과 찬양을 요구한다.

⑤ 3번 : 기만

3번 유형은 악덕이 '기만'으로 나타난다. 남보다 잘 나고 싶은 마음이 앞서기 때문에 타인은 물론 자기 자신을 기만하면서까지 성공자의 범주에 들고 싶어한다. 끝없는 칭찬과 찬양에 대한 갈구, 실없는 자랑이나 공허한 자부심으로 여겨지는 패션, 부 또는 권력의 과시로 표현된다. 이들의 기만은 남보다 우선 자신을 속인다.

⑥ 4번 : 선망(시기)

4번 유형은 악덕이 '선망'으로 나타난다. 독특함을 추구한 나머지 자기에게 없는 것이 남에게 있을 때에 시기심을 드러낸다. 시기심 속에 내재된 것은 자신이 가지고 있거나 경험하고 있는 것을 밀어내고 거부하는 마음이다. 자신이 갖지 못한 것이 자신이 가진 것보다 더 좋아 보인다. 그래서 자신 속에 내재된 것을 밀어내고 거부하는 것으로 자신이 갖고 있지 않은 다른 것을 추구하게 된다. 삶이 늘 부족하다고 느끼고 현실에 잘 만족하지 못한다.

⑦ 5번 : 탐욕

5번 유형은 악덕이 '탐욕'으로 나타난다. 이들은 마음 속 깊은 곳의 메마른 공허감이 있다. 자기 내면에 수원지가 없으므로 자신이 가진 얼마 안 되는 것을 꽉 붙잡고 있어야 한다고 느낀다. 소비하는 것보다는 가지려는 것으로 이는 두려워서 붙잡는 것이며, 그것을 내놓으면 대재앙에 가까운 고갈로 끝날 것이라는 환상을 가진다.

⑧ 6번 : 겁

6번 유형은 악덕이 '겁'으로 나타난다. 겁은 내면 혹은 외부에서 일어날지도 모르는 예상에서 빗어지는 일이다. 이들은 상상 속의 공포를 갖고 있기에 곧잘 최악의 상황을 상상하며 겁에 질리게 된다. 이들의 두려움은 공포에 순응하거나 대항하는 것으로 나타난다.

⑨ 7번 : 탐닉

7번 유형은 악덕이 '탐닉'으로 나타난다. 내면의 황량함, 결핍감을 메우기 위해 무엇이든 게걸스럽게 입 안으로 넣으려고 한다. 자신을 채우려는 만족할 줄 모르는 욕망으로, 끊임없이 만족을 찾아 어딘가에 푹 빠지곤 한다. 더 많은 것, 더 좋은 것을 선호하는 열정으로 남들이 좋아해주기를 바라고 인기 있고 감탄 받고 싶어하는 욕구로 표현된다.

※ 셀프코칭 메시지
"문제를 해결하려고 들지 말고 그 문제의 속을 깊이 들여다보고 그 속에서 뜻을 찾으라. 그러고 나서 그 뜻을 존중하라. 그 뜻을 소중히 간직하고 살라. 그러면 거기에서 큰 힘이 나온다.

– (토마스 무어&제임스 힐먼) –

(3) 유형별 정서패턴 탐색피드백

에니어그램 성격유형별 두려움과 욕망, 악덕으로 인한 정서적 패턴을 탐색할 수 있는 코칭 피드백을 살펴보면 다음과 같다.

① **에니어그램 8번 유형 :** 8번 유형의 정서적 패턴은 내면 깊숙한 곳에서 순간적으로 생기는 분노가 쉽게 표출되면서 즉각적인 언행으로 이어지는 것이다.

코칭질문

- 당신이 화가 나는 데는 중요하고 타당한 이유가 있겠죠. 당신을 믿습니다.
- 당신이 화를 다스릴 수 있었던 때를 생각할 수 있나요? 그때 어떤 결과가 있었나요?
- 상대방이 되어 화 내는 나 자신을 바라봅니다. 어떤 느낌이 드시나요?
- 사람들을 통제하고 그들에게 자신의 인상을 강하게 심어주려고 할 때 편안하게 느끼나요?
- 당신이 느끼는 충동을 행동으로 옮기지 말고 깊이 호흡을 해서 그 충동의 에너지가 당신의 내부에서 어떻게 느껴지는지를 보세요.

② **에니어그램 9번 유형 :** 9번 유형의 정서적 패턴은 분노가 잠재의식 수준에서 가지고 있어서 자신들이 화를 내고 있다는 것조차도 모를 때가 종종 있는 것이다.

코칭질문

- 화 내는 사람에 대한 당신의 느낌을 이야기 해 주세요.
- 당신 주변에 해결되지 않는 갈등들이 있을 때는 어떻게 하나요?
- 당신은 타인들이 듣게 하기 위해 분노를 어떻게 표현하나요?
- 당신은 화가 나도 괜찮다는 사실을 알 필요가 있습니다. 분노는 우리에게 원치 않는 것으로부터 스스로를 보호할 수 있는 힘을 줍니다.
- 지금 당신에게 필요한 것을 요청의 형태로 표현해주세요. 자신에게도 말해주세요. 당신은 소중합니다.

③ **에니어그램 1번 유형 :** 1번 유형의 정서적 패턴은 자주 짜증내고 분개하지만 자신들의 더 깊은 분노는 통제하려고 애쓰는 것이다.

코칭질문

- 당신이 스스로와 다른 사람에 대해서 하루에 몇 번이나 실망하는지 살펴보세요.
- 당신이 이번 일을 판단하는 기준은 무엇입니까?
- 만약 당신이 자제하지 않는다면 어떤 일이 벌어질까요?
- 화를 내는 자신은 어떤 사람처럼 보이는지 마치 그림을 그리듯 자세하게 말해주세요.
- 판단을 멈춥니다. 내가 원하는 것, 소망에 머물러 봅니다. 당신은 충분히 좋은 사람입니다.

④ **에니어그램 2번 유형 :** 2번 유형의 정서적 패턴은 자기 자신보다는 다른 사람들의 감정과 욕구에 더 관심을 쏟으며, 자신이 필요 없다고 느껴질 때 슬퍼진다.

코칭질문

- 당신이 활용할 수 있는 당신 안의 자원은 무엇이 있나요?
- 신이 있다면, 신은 당신에게 무엇을 기대할까요?
- 당신은 다른 누군가가 무엇을 필요로 하는지는 매우 잘 압니다. 지금 이 순간 당신이 필요한 것은 무엇인가요?
- 당신의 삶에서 사랑은 얼마나 중요한가요? 당신은 자신이 사랑받고 있다는 것을 어떻게 하나요?
- 입장을 바꾸어서 사람들이 당신의 기분을 맞추려고 노력한다면 어떤 느낌이 들까요?
- 당신 자신을 위해 해야 할 일들의 리스트를 만드세요. 그리고 그 리스트를 당신이 언제든지 볼 수 있는 곳에 붙여 놓으세요.

⑤ **에니어그램 3번 유형 :** 3번 유형의 정서적 패턴은 자신감 있는 태도를 유지한 채 두려움과 슬픔의 감정 같은 강한 감정을 지키려고 하는 것이다.

코칭질문

- 당신은 얼마나 자주 당신의 솔직한 감정을 사람들과 공유하나요?
- 당신은 다른 사람이 당신의 어떤 면을 볼까 봐 두려워하나요?
- 어떤 순간에 당신이 가치 없는 사람이라는 느낌이 드나요?
- 만약 당신이 가치 없는 사람이 된다면 주변 사람들은 당신을 어떻게 대할까요?
- 당신은 다른 사람과 스스로를 비교할 때 일어나는 두려움과 불안을 어떻게 다루나요?
- 저는 당신의 있는 그대로의 모습을 인정하고 받아들입니다. 당신의 인간적 실수와 한계를 사랑합니다.

⑥ **에니어그램 4번 유형 :** 4번 유형의 정서적 패턴은 변화무쌍한 감정 반응을 겪으며 진실하기 위해 감정에 따른다.

코칭질문

- 다른 사람들이 정서적으로 당신을 정말로 이해하고 있다면 어떻게 될까요? 이러한 가능성을 높이기 위해 당신이 할 수 있는 것은 무엇입니까?
- 이 상황에서 바로 지금 잘 되고 있는 것은 무엇인가?
- 당신 자신이라고 느껴지는 감정은 어떤 것인가요?
- 당신이 그것을 할 '기분을 갖기 위해서' 특별히 하는 일이 있는가?
- 바로 지금 당신과 당신의 인생에 대해 완벽한 것은 무엇인가? 당신은 지금 그대로의 모습으로 인정받습니다.

⑦ **에니어그램 5번 유형 :** 5번 유형의 정서적 패턴은 정서적으로 초연하며 감정을 지성화하는 것이다.

코칭질문

- 만약 당신과 타인의 감정이 문제해결에 큰 영향을 미칠 수 있다면 어떨까요?
- 당신이 인간관계에 대해 아무것도 하기를 원하지 않는 중요한 이유를 말해 주세요.
- 당신에게 동기를 유발하는 것은 무엇인가요?
- 당신의 전문 분야에 대해 이야기하지 않고 다른 사람과 관계를 맺는 것은 어떤 느낌을 주는가?
- 당신에게 부끄러움이나 불안을 유발하는 소홀히 하고 있는 삶의 분야는 무엇인가요?
- 당신이 무엇을 요구해도 괜찮습니다. 그 어떤 것도 문제가 되지 않아요.

⑧ **에니어그램 6번 유형 :** 6번 유형의 정서적 패턴은 불안하고 의심하면서 공공연하게 용기와 위험을 수반하는 태도를 보이는 것이다.

코칭질문

- 당신이 보다 용기가 있다면 무엇을 하고 싶으신가요?
- 만약 당신이 최악에 대해서만 계획을 세운다면 무엇을 놓치게 될까요?
- 이 일을 원활히 수행하려면 누구의 도움이 필요합니까?
- 당신은 자신의 불편한 상태에 대해 어떻게 불평하고 그 상태를 보여 주나요? 이런 행동 때문에 얻을 수 있는 것은 무엇이고 잃는 것은 무엇인가요?
- 어떤 경우에도 당신이 안전하다는 것을 믿습니다. 당신을 신뢰합니다.

⑨ **에니어그램 7번 유형** : 7번 유형의 정서적 패턴은 부정적인 정서들을 긍정적인 재구성을 통해 회피한다.

코칭질문

- 만약 그 상황을 다른 사람이 경험한다면 어떤 느낌을 경험할까요?
- 그것이 가능하려면 무엇에 초점을 맞춰야 하나요?
- 당신은 좌절을 경험할 때 무엇을 하는 경향이 있는가?
- 무엇이 당신으로 하여금 감정에 머물러 있지 못하도록 하나요? 무엇이 당신을 방해하나요?
- 당신의 고통에 들어갑니다. 당신의 고통을 끝까지 곁에서 지켜봅니다. 보살펴 줍니다.

※ 코칭 TIP! 유형통합적 정서패턴 탐색질문

- 당신이 세상에서 가장 따뜻한 사람과 대화를 하고 있다고 상상해보라. 그는 당신에게 무엇을 해줄 것 같습니까?
- 당신에게 동기를 유발하는 것은 무엇입니까?
- 하루에서 가장 만족스러운 것은 무엇입니까?
- 당신은 무엇 때문에 행복합니까?
- 무엇이 당신을 더욱 행복하게 만들어줍니까?

– 당신이 가장 두려운 것은 무엇입니까?
– 당신을 두렵게 만드는 상황에 대해 이야기해 주십시오.
이 상황에서 당신이 무엇을 경험하게 되는 것이 두렵습니까?
– 좋은 인간관계를 만들기 위해 당신에게 필요한 것은 무엇입니까?
– 그 문제를 다른 사람이 당했다면 어떻게 했을까요?

3) 행동 다루기

행동영역에서는 에니어그램 성격유형별 세 가지 행동방식을 살펴본다. 행동방식이란 주어진 환경에 반응하는 태도로 어떤 상황이 주어졌을 때 자연스럽게 나타나는 무의식적 반응의 행태이다. 자신을 어떻게 드러내고 표현하는가 하는 문제인 것이다. 모든 사람은 본질적으로 똑같은 에너지가 내재되어 있지만, 자신의 집착에 따라 현실적으로 쓰는 에너지가 다양하다. 즉, 모든 사람은 자기 안에 공격적인 에너지, 움츠려드는 에너지, 의존하려는 에너지를 모두 가진다. 그 중 자신의 집착과 관련하여 어느 성향이 더욱 많이 드러나는가가 행동방식을 결정한다. 공격형은 자신의 의사표시나 권리에 대해 순발력 있게 적극적으로 주장하고 표현하는 에너지적 특성을 가지고 있으며, 회피형은 내면에는 자기 소신이 있지만 적극적으로 표현을 하지 못하고 우물쭈물하는 모습이다. 반면에 순응형은 주변 상황과 관계에 따라서 반응하는 에너지를 가진 사람들이다.

① 에니어그램 8번 유형 : 공격형

공격적 행동방식을 택하는데 그 이유가 내가 세상보다 더 크다고 믿기 때문이다. 주변 사람의 적대감을 인정하고 당연시하며 의식적 혹은 무의식적으로 맞서고자 결심한다. 확고한 자기 자아에 편안함을 느끼기 때문에 문제나 갈등을 속속들이 파헤쳐 누가 상처를 받든 개의치 않고 해결책을 찾을 때까지 온갖 수단을 다 쓴다.

② 에니어그램 9번 유형 : 회피형

사람들로부터 분리되어 회피하려고 하는데 그 이유는 세상은 내가 적응해야 하는 곳이라고 생각하기 때문이다. 세상이 자기를 올바로 평가하지도 않고 사랑하지도 않기 때문에 이에 적응하기 위해 세상으로부터 움츠러든다. 이는 단념행위이자 갈등을 피하기 위한 방어 전략이기도 하다. 어떻게든 일이 많이 일어나지 않기를 바라고, 그들 자신이나 남들로부터 기대할 만한 것도 별로 없다고 여겨서 물러나 있다.

③ 에니어그램 1번 유형 : 공격형

공격적 행동방식을 택하는데 그 이유가 내가 세상에 비하면 너무 작다고 믿기 때문이다. 이들은 일을 잘해 내기 위해서 열심히 노력할 필요가 있고 그럼으로써 쓸모 있게 된다고 믿기 때문에 스스로를 비판하는 방향으로 그들의 맞서는 기운을 쓴다. 다른 사람들도 열심히 노력하기를 바라고 잘못한 것을 스스로 바로잡기를 기대함으로써 자신의 자아비판 내용을 다른 사람들에게 투사한다.

④ 에니어그램 2번 유형 : 순응형

사람들에게 애정을 구하며 의지하고자 애쓰는 행동방식을 택하는데 그 이유는 내가 세상보다 더 크다고 믿기 때문이다. 솔선해서 유대 관계를 형성하며, 관계를 맺는 방식으로서 남들이 의존해 주기를 바란다. 자신의 사랑을 표현할 수 있는 누군가를 필요로 하며, 사랑하고 사랑받고 싶은 크나큰 욕구 때문에 다른 사람에게 의지하고 그들과의 관계 속에서 모든 것을 찾으려 한다. 자기 탓이 아닌 이유로 관계가 불편해졌을 때라도 먼저 행동을 취한다.

⑤ 에니어그램 3번 유형 : 공격형

공격적 행동방식을 택하는데 그 이유가 세상은 내가 적응해야 하는 곳이라고 믿기 때문이다. 이들은 보통 자신과 다른 의견에 맞서며 공격할 수 있다. 세상에 적응해야 하기 때문에 맞섬의 방향을 성취 쪽으로 돌린다. 성공을 통해서 자신의 가치를 입증하려고 한다. 매우 경쟁적이고 관여하는 분야가 무엇이든 거기서 최고가 되려고 한다.

⑥ 에니어그램 4번 유형 : 회피형

사람들로부터 분리되어 회피하려고 하는데 그 이유는 내가 세상에 비하면 너무 작다고 믿기 때문이다. 이들은 자신이 버림받고 돌봐 주거나 사랑해 주는 사람이 아무도 없다고 느낀다. 자신이 다른 사람들과 다르다고 느끼기 때문에 물러나 있어 단체의 분위기와 어울리지 않는다.

⑦ 에니어그램 5번 유형 : 회피형

사람들로부터 분리되어 회피하려고 하는데 그 이유는 내가 세상보다 더 크다고 믿기 때문이다. 모든 것에 대해 지적인 감독관이 되려는 목적에서 사람들로부터 멀리 물러나 있다. 항상 위기 상황을 분석하고 사람들이 거기에 어떻게 반응하는지 관찰한다. 대개 그룹 안에서 무명인으로 자처하거나 단체로부터 이탈하기 때문에 자기 스스로 따로 놀고 있다는 것을 보지 못하면서 종종 버림받았다고 느낀다.

⑧ 에니어그램 6번 유형 : 순응형

사람들에게 애정을 구하며 의지하고자 애쓰는 행동방식을 택하는데 그 이유는 세상은 내가 적응해야 하는 곳이라고 믿기 때문에 그 방법을 택한다. 가장 강력한 사람이나 그룹에 애착을 갖고 그들에게 동조함으로써 자신이 덜 약하고 덜 고립되어 있을 수 있다고 느끼는 소속감과 지지감을 얻을 수 있기 때문이다. 세상에 적응해야 한다고 생각하기 때문에 기존의 표준과 법에 순응하는 것을 매우 중요시한다.

⑨ **에니어그램 7번 유형 : 순응형**

사람들에게 애정을 구하며 의지하고자 애쓰는 행동방식을 택하는데 그 이유는 나는 세상에 비하면 너무 작다고 믿기 때문이다. 낙관성에 의지하며 사람에게 의존한다. 주어진 환경에서 활기를 띠려면 즐거운 시간과 기쁜 일로 가득 차 있어야 한다고 생각하기 때문에 고통스럽거나 힘든 것을 아예 포기해 버린다. 고통스러운 것을 끊임없이 피하면서 다른 사람을 위한 책임을 지지 못하고, 곤란할 때는 다른 사람에게 그것을 해 달라고 부탁한다.

(2) 유형별 행동패턴 탐색질문

에니어그램 성격유형별 집착과 회피, 그리고 현실착각으로 인한 행동 패턴을 탐색할 수 있는 코칭 질문을 살펴본다.

① **에니어그램 8번 유형 :** 8번 유형의 행동패턴은 자신의 삶을 지나치게 통제하고 무리하게 몰아붙이며 맞서고자 하는 것이다.

코칭질문

- 무엇 때문에 당신은 강한 반응을 보이게 되었나요?
- 당신은 다른 사람들에게 어떻게 기억되고 싶은가요?
- 누군가에게 말할 때 자신의 목소리를 들어보세요. 당신이 말하고자 하는 것을 표현하는 데 필요한 에너지는 얼마만큼 인가요?
- 당신의 삶에서 거칠게 행동하지 않아도 된다고 여겨지는 영역(관계, 장소, 시간 등)을 최소한 세 가지 말해보세요. 당신 삶의 다른 영역과는 어떻게 다른가요?
- 자신을 좀 더 풀어 놓아 준다면 어떤 일이 일어날 것이라고 생각하나요?

② **에니어그램 9번 유형 :** 9번 유형의 행동패턴은 갈등을 회피하고 자신의 경험에 영향을 받는 것에 저항하는 것이다.

코칭질문

- 소원을 이루어주는 엽서가 있다면 그 엽서에 무엇이라고 적으시겠습니까?
- 당신에게 중요한 것은 무엇인가요? 누구를 위하여 이것을 하는가요?
- 바로 지금 당신의 몸에서 무엇을 경험하고 있나요?
- 당신이 어떤 인용문 같은 것을 말하려고 할 때, 정반대가 되는 것을 떠올려보세요. 그 말이 어떤 면에서 진실이 아닌지를 살펴보세요.
- 당신이 멍하니 있다는 사실을 알아차릴 때마다 바로 직전에 일어났던 상황을 돌이켜보세요. 무엇 때문에 그 상황에서 물러나야 한다고 느꼈나요?

③ **에니어그램 1번 유형 :** 1번 유형의 행동패턴은 판단을 내리고 자신과 다른 사람을 비난하고 공격하는 것이다.

코칭질문

- 당신이 잘못하고 있을 때 마치 머릿속의 녹음기와 같은 내면의 목소리를 가지고 있나요? 목소리가 하는 말은 무엇인가요?
- 만약 당신이 덜 비판적이고 보다 수용적이라면 어떨까요?
- 당신 의견과 반대가 되는 관점을 취해서 그것이 옳다고 증명해 보세요.
- 당신의 말 중 '~해야 한다'를 '~하고 싶다'로 바꾼다면?
- 당신은 지난 세 시간 동안 자신에 대해 판단을 내렸나요? 당신의 판단에 어떤 일관적 주제가 있었나요?

④ **에니어그램 2번 유형 :** 2번 유형의 행동패턴은 다른 사람을 위해 자신을 포기하고 순응하는 것이다.

코칭질문

- 당신 자신의 욕구에 더 주의함으로써 당신이 얻을 수 있는 것은 무엇인가요?
- 다른 사람들이 나에 대해 생각하는 것과 완전히 별도로 나 스스로 존중을 얻기 위해 내가 해야만 하는 것은 무엇인가?
- 당신이 누군가에게 뭔가가 필요하다고 느껴지면 필요한 것을 부탁하세요. 지금 저에게 필요한 것을 부탁하세요.
- 당신이 원하는 삶을 이루게 해줄 당신만의 강점은 무엇인가요?

⑤ **에니어그램 3번 유형 :** 3번 유형의 행동패턴은 진정한 자신이 아닌 성공하는 사람이 되려고 적극적으로 노력하는 것이다.

코칭질문

- 다른 사람들에게 깊은 인상을 남기기 위해 당신은 무엇을 하는가요?
- 당신의 생활에서 더 가진다는 것은 당신에게 무엇을 뜻합니까?
- 당신의 삶에서 최고가 되어야 한다고 느껴지지 않는 다섯 가지 영역을 말해보세요. 최고가 되어야 한다고 느끼는 다섯 가지 영역을 말해보세요. 이 두 가지는 어떻게 다른가요?
- 당신은 언제 자신에게 휴식을 주나요?
- 당신의 사명(비전)은 무엇입니까?

⑥ **에니어그램 4번 유형 :** 4번 유형의 행동패턴은 다른 사람과 자신을 비교해서 자신을 비하하고 움츠려드는 것이다.

코칭질문

- 과거에 효과적인 행동이 있었다면 무엇 때문에 가능했나요?
- 목표를 향한 한걸음을 딛는다면, 무슨 행동으로 나타날 수 있습니까?
- 현재 상황의 긍정적 요소와 부정적 요소를 설명해 주세요.
- 당신이 언제 사람들로부터 물러서고 아웃사이더로 있으면서 사람들 사이에 끼려고 하지 않는지 이야기해 주세요.
- 당신이 정말로 좌절을 느끼는 것은 무엇인가요?

⑦ **에니어그램 5번 유형 :** 5번 유형의 행동패턴은 자신의 경험을 지나치게 많이 분석하고 움츠려드는 것이다.

코칭질문

- 상황이 정서적이고 강렬하고 압도적으로 변할 때 어떻게 하나요?
- 이 상황에서 어떤 행동이 가장 먼저 취해져야 할까요?
- 삶 속에 참여하는 것과 삶을 관찰하는 것, 이 두 개의 차이에 대해 이야기해 주세요.
- 사고 활동에 시간을 투자하지 않는다면 당신은 그 시간을 어떻게 할까요?

⑧ **에니어그램 6번 유형 :** 6번 유형의 행동패턴은 자신이 아니라 외부에 의존하는 것이다.

코칭질문

- 당신은 권위적인 인물에게 어떤 태도를 취하나요?
- 당신이 아주 바쁜데도 거절하지 못하도록 하는 것은 무엇인가요?
- 지나치게 남들에게 충실하려는 것이 당신에게는 어떤 결과를 가져오나요?
- 당신 스스로를 신뢰하기 위해서는 무엇이 필요할까요?
- 당신은 어떤 일이 정말로 일어나고 있는 것인지, 그런 일을 당신의 마음속에서 만들어내고 있는지를 어떻게 분간하나요?

⑨ **에니어그램 7번 유형 :** 7번 유형의 행동패턴은 고통을 피하고자 낙관성과 사람들에게 의존하며 자신이 다음에 할 일을 예상하고 넘겨짚는 것이다.

코칭질문

- 당신의 에너지를 빼앗는 것은 무엇입니까?
- 이것을 이루기 위해서 중단해야 할 것과 더 해야 할 것은 무엇인가요?
- 활력이 넘치는 상태가 당신의 인간관계에 어떤 영향을 주는가?
- 고의는 아니지만 스트레스를 많이 받는 시기에 사람들에게 상처를 주었을 수 있습니다. 당신의 마음속에 있는 이야기를 말해주세요.
- 당신은 무엇을 향해 달려가고 있는가요? 또 무엇으로부터 도망치고 있는가요?

※ 코칭 TIP! 유형통합적 행동패턴 탐색질문

- 지금까지 이 문제에 대해 어떤 행동을 취했습니까?
- 그 행동은 어떤 효과가 있었습니까?
- 그 외에 다른 것은 없나요?
- 이다음 어떤 방향으로 가야할지 모르겠다면, 당신은 어디로 가겠습니까?
- 누군가 그 일을 당신에게 했다면 당신은 어떻게 행동하겠습니까?
- 그 목표를 달성하기 위해 무엇을 할 수 있습니까?
- 지금까지 시도해보지 않는 것은 무엇입니까?
- 구체적으로 무엇을 변화시키고 싶은가요?
- 지금 즉시 해결해야 하는 것이 있다면 무엇입니까?
- 충분한 지원을 받는다면 당신의 삶 속에서 무엇을 가장 바꾸고 싶은가요?
- 당신이 보다 용기가 있다면 무엇을 하고 싶은가요?
- 이런 기적이 더 자주 일어나려면 어떻게 해야 합니까?
- 올해 부족했던 점은 무엇이고 내년에는 어떻게 보완하려고 하십니까?
- 매년 초마다 결심하고 실행했는데 가장 어려운 점이 무엇입니까?
- 이번에는 그 경험을 바탕으로 어떤것을 하면 될까요?
- 그것을 하면서 어려웠던 점은 무엇인가요?
- 그것을 해결하기 위해 어떤 노력을 해야 할까요?

※코칭 활동 9. 열정 과정 살펴보기

[활동 방법]

① 활동 내용 : 스스로 세운 목표와 자신이 찾아낸 스스로의 자원을 가지고 일주일 동안 생활 속에서 얼마나 실천하는지를 체크해오기

(과제) 당신이 원하는 변화들을 만들어내기 위해서 필요한 행동들을 기록하기 위해서 일주일 동안 자가 진단 목록을 작성해 보기

(자가진단목록 예시)

	변화행동1 이루어졌는가? 예/아니오	변화행동2 이루어졌는가? 예/아니오
월		
화		
수		
목		
금		
토		
일		

② 활동 Tip : 가급적이면 매일 같은 시간에 10분 정도 투자해서 셀프 코칭 시간을 갖는 것이 훨씬 더 효과적임을 알려주기

4) 파워에니어그램

파워에니어그램은 코치이가 자신의 열정 속에 좋은 부분, 즉 베스트 에너지가 있다는 사실을 믿고 변화를 위해 새로운 시도를 하는 코칭의 단계이다. 이 단계에서 무엇보다 중요한 것은 변화란 나의 성격유형이 달라지는 것이 아니라 본성을 회복해 가는 것일 뿐이라는 걸 받아들이는 것이다. 변화는 본성의 회복을 향하여 바람직한 방향으로 나가는 것이어야 한다. 이를 위해서는 의식수준을 끌어 올리는 것, 바로 통합과 성숙을 향하여 가야 한다. 퇴행과 퇴화에서 진화하는 방향으로, 불건강한 상태에서 건강한 상태로 가는 것이다. 변화를 위한 두 번째 방법은 열정 속에 있는 최선의 힘을 믿는 것이다. 열정 속에는 기막힌 힘이 있는데 그 힘은 가장 아름다운 창조적 힘이 될 수 있다. 이런 힘이 열정 속에 있다는 것을 확인하고 그 힘을 인정하는 것이 중요하다. 열정이 공격적이거나 파괴적인 힘으로 표출되기 쉬운 반면에 그 속에 있는 최선의 힘을 믿고, 어느만큼 인내심과 여유 공간을 마련할 정도로 붙잡고 관찰하게 될 때 예술적으로 아름답고 놀라운 창조적 힘이 거기에서 우러나온다.

파워에니어그램을 하기 위해서는 먼저 코치이가 묶여있는 닫힌 체계를 확인하는 것, 즉 자기 내면의 상처와 어둠을 객관적으로 의식하는 것이 선행되어야 한다. 객관적으로 자기를 관찰하며 자기의 상태에 깨어있다는 것은 내가 열심히 하지만 변화가 없는 상태라는 것을 인정하고 문제를 지나치게 단순화하거나 해결책에 대해 막연히 꿈만 꾸는 상태였음을 확인하는 것이다. 현 상태에 대해 객관적으로 의식하게 되면, 새롭고 창의적 선택과 도전을 할 수 있게 된다. 그 결과, 과거의 상처와 그로 인해 생겼던 두려움과 열정, 콤플렉스로부터 도피하기 위해 취했던 행동은 사라지고 거기에서 해방되게 된다. 그러면 더 이상 자기를 자신의 성격과 동일시하지 않게 되어 자기의 본질을 발견하고 본래적 자아로서의 본성을 깨닫게 된다. 이렇게 참자기를 찾아갈 때 내면에서 진정한 힘이 나오고 창조성이 솟아오른다. 에니어그램은 자기도 모르게 영위해 왔던 습관적이고 기계적인 삶에서 벗어나 진정한 자유와 해방으로 가기 위한 마법의 열쇠이다.

※ 코칭 TIP! 파워에니어그램을 위한 열정 다루기

성숙을 위해 열정을 없애버리려고 한다면 오히려 문제가 커진다. 열정은 없애는 것이 아니라 다루는 법을 배워야 한다. 왜냐하면 열정은 파괴적인 힘도 있지만 창조적인 힘도 지니고 있기 때문이다. 열정을 다루는 법을 구체적으로 말하면 다음과 같다.

첫째, 열정을 붙잡아라. 열정을 부정하지도 말고 그런 것이 없는 것처럼 가장하지도 말라. 도망칠 생각도 하지 말라. 너무 빨리 없애려 하지도 말고 판단하지도 말고 그대로 놔두며 현실로 받아들인다. 야생마의 고삐를 꼭 잡아야 하는 것처럼 놓치지 말고 꼭 붙들어야 한다. 길길이 뛰지 못하도록 막을 수는 없어도 꼭 붙잡고 손을 놓아서는 안된다. 얼마쯤 그런 상태를 유지하다 보면 천천히 열정을 부릴 수 있게 된다.

둘째, 관찰하라. 똑바로 보라. 그것이 어떤 모양인지, 색깔인지, 목표는 무엇인지 등을 관찰하라. 오랫동안 살피고 연구하라. 전에는 멋도 모르고 열정을 터뜨리면서 화를 내거나 싸우거나 사고를 냈던 것에 비하여, 자기의 열정을 발견하고 확인하고 난 뒤부터는 그것을 관찰하기 시작한다. 열정이 어디서 와서 어디로 가는지 관찰하라. '내가 왜 이런 식으로 행동하는가. 내가 왜 화가 나서 격분하는가. 왜 내가 판단적인가' 등을 관찰한다. 이런 관찰을 되풀이하는 과정에서 집중하며 관찰하는 수련을 거듭하다 보면, 그것을 거리를 두고 지켜보면서 객관적으로 바라보게 된다. 그 결과 성격과 자신의 본성 사이에 간격을 두고 살피게 된다. 그러면 조기경보체제를 가동하게 된다.

셋째, 열정 속에 있는 최선의 힘을 믿어라. 끓어오르는 열정을 그대로 지켜보면서 충분히 오랫동안 관찰하면 무엇인가 불편하게 느껴지던 것은 슬며시 빠져나가는 것을 발견하게 된다. 마치 펄펄 뛰는 야생마를 그대로 뛰도록 지켜보면서 거칠게 뛰던 힘이 사그러들면서 힘을 조절하는 때를 기다리는 것과 같다. 이런 힘이 열정 속에 있다는 것을 확인하고 그 힘을 인정하는 것이 중요하다. 열정을 조절하면서 속에 있는 상처받은 아이를 달래고 나면, 거기서 나오는 힘은 미움과 공격성에서 나오는 힘이 아니라 사랑과 협력이 힘으로 표출될 수 있다.

그래서 결국 나의 욕망에 사로잡혀서 어떤 존재나 행동을 지향하는데서 벗어나서 섭리의 뜻에 따라 살아가는 조화로운 사람이 되어 간다.

(1) 미덕 에니어그램

① 미덕 에니어그램이란?

열정을 잘 쓰면 창조적 열정, 바로 미덕이 된다. 열정을 오용하고 남용하면 즉, 열정에 사로잡히면 무익하고 매우 안좋은 결과로 나타나지만, 열정을 사로잡으면 베스트 에너지인 장점이 된다. 미덕에니어그램은 깨달은 정서 상태, 인간의 마음이 본질에 존재할 때 가슴으로 느끼는 것이다. 미덕의 상태일 때 지성과 감성과 행동이 조화를 이루고 균형을 이루며 살게 된다. 자신의 미덕을 살리게 되면 잠재력을 현재보다 최소한 갑절로 높일 수 있기 때문에 진정한 자유와 건강과 행복을 누리는 길이 열린다. 간혀있는 자아와 함께 잠재력이 해방되기 때문이다. 인간 기능의 다양한 면을 고르게 발달시키고 진화시키게 되며, 행동범위도 넓어지게 된다. 또한, 각기 자신의 성격유형에 따른 자신만의 독특한 미덕을 갖게 되면, 나머지 여덟 가지 미덕도 아울러 갖추게 된다.

② 에니어그램 유형별 미덕

㉠ 에니어그램 8번 유형 : 순수

순수한 사람은 선입견이나 자신의 판단에 잡혀 있지 않고 매순간 새롭게 반응한다. 더 이상 세상에게 공격당하고 침범당하지 않는다는 것을 받아들일 때 본래의 모습인 있는 그대로의 깨끗함, 온화함, 소박함을 회복할 것이다.

㉡ 에니어그램 9번 유형 : 옳은 행동

내면에 의식을 집중할 때 자신의 가치를 인정하게 되며 더 이상 주의를 딴 데로 돌리지 않고 지금 해야 할 일이 무엇인지 판단하고 곧바로 행동을 하게 된다.

ⓒ 에니어그램 1번 유형 : 침착

침착은 외부의 삶뿐 아니라 내면의 움직임에 접근해야 한다. 나의 기질대로 반응하지 않고 침착을 유지하며 적절한 반응을 할 수 있게 된다. 비판과 짜증에서 벗어나 근면 성실하고 도덕적 정의감이 강하여 세상을 개혁시키고자 한다.

ⓡ 에니어그램 2번 유형 : 겸손

겸손은 부풀리지 않고 있는 그대로의 한계를 받아들이는 것으로 전체 안에 자신의 위치를 정확히 아는 것을 의미한다. 부풀린 자기팽창에서 벗어나 거짓 없는 거룩한 사랑을 실천하게 되고 진정으로 사랑받는 존재가 된다.

ⓜ 에니어그램 3번 유형 : 정직

정직은 진리에 대한 헌신, 진리를 전하거나 깨달을 힘, 진리 또는 사실을 따르는 데 있어서의 정확성, 진실한 무엇을 뜻한다. 즉 자신인 것과 자신이 아닌 것을 분명하게 식별하는 태도이다.

ⓑ 에니어그램 4번 유형 : 평온

평온은 마음의 균형과 평정으로 상황과 완벽한 조화를 이루고 감정적으로 주변의 자극에 딱 필요한 만큼만 반응하는 것이다. 자신의 감정이 전부라고 느끼며 감정이 곧 나라고 여기기에 평온을 잃기가 쉽다. 객관성을 유지하고 균형을 잡아야 한다.

ⓢ 에니어그램 5번 유형 : 무애착

무애착, 초연함이란 감정에 얽매이지 않고 애착을 갖지 않는 것을 말한다. 무엇에게도 사로잡히거나 속박당하고 싶어 하지 않으며 빠져나올 수 없는 어떠한 것에도 붙잡히거나 전념하고 싶어하지 않는다. 애착을 갖지 않는 것은 본질의 충만감을 스며들게 한다.

ⓞ 에니어그램 6번 유형 : 용기

용기는 두려움에 휩쓸리거나 자신의 판단과 경험을 의심하지 않고 자신의 내면과 대면하기 위해 용기가 필요하다. 불필요한 의심에서 벗어나 현실을 우호적으로 받아들이고 망설임 없이 행동화하는 것 또한 용기이다. 참된 변화를 겪으려면 안정감을 위해 붙잡고 있는 모든 것을 내려놓고 용기 있게 있는 그대로의 자신과 대면해야 한다.

ⓩ 에니어그램 7번 유형 : 절제

절제는 몸에 균형감을 주며 에너지를 정확하게 필요한 양만큼만 소모한다는 것이다. 세상 밖으로 뻗어 나간 방만한 관심을 거둬들이고 그간의 경험을 집대성할 때 비로소 아이디어를 실현시킬 수 있게 된다.

> ※ 셀프코칭 메시지
> “삶을 사는 데는 단 두 가지 방법이 있다. 하나는 기적은 전혀 없다고 여기는 것이고 또 다른 하나는 모든 것이 기적이라고 여기는 방식이다”
>
> – 알베르트 아인슈타인 –

③ **에니어그램 성격유형별 질문** : 각 유형별 미덕으로의 성장을 위해 코치이가 다음과 같은 질문에 스스로 답을 작성해보는 것은 효과적이다. 코칭은 코치이가 스스로 답을 찾아갈 수 있다는 믿음을 전제하기 때문이다. 이 때 코치는 자신을 충분히 열고, 코치이가 자신의 의식과 무의식을 통해 더 많은 잠재능력을 찾아가도록 함께 하는 것임을 잊지 않는다. 각각의 성격유형 특성을 통하여 코칭을 하는 것

은 코치이에 대한 지도를 가지고 찾아가게 할 것이다.

㉠ 에니어그램 8번 유형

8유형은 배려와 존중, 그리고 겸손을 행하는 것이다. 그러기 위해

더 해야 할 것은?	
덜 해야 할 것은?	
끝내야 할 것은?	
새롭게 할 것은?	

㉡ 에니어그램 9번 유형

9유형은 목표를 세워 구체화하고 꾸준히 실행해 나가는 것이다. 그러기 위해

더 해야 할 것은?	
덜 해야 할 것은?	
끝내야 할 것은?	
새롭게 할 것은?	

㉢ 에니어그램 1번 유형

1유형은 침착하게 스스로 여유로움을 만들어 갈 수 있도록 하는 것이다.
그러기 위해

더 해야 할 것은?	
덜 해야 할 것은?	
끝내야 할 것은?	
새롭게 할 것은?	

㉣ 에니어그램 2번 유형

2유형은 자신의 욕구를 겸손하게 인정하고 타인에게서 독립하는 것이다.
그러기 위해

더 해야 할 것은?	
덜 해야 할 것은?	
끝내야 할 것은?	
새롭게 할 것은?	

㉤ 에니어그램 3번 유형

3유형은 자신과 타인에게 정직하고 솔직한 것이다. 그러기 위해

더 해야 할 것은?	
덜 해야 할 것은?	
끝내야 할 것은?	
새롭게 할 것은?	

㉥ 에니어그램 4번 유형

4유형은 현실적이고 보편적인 타당성을 갖추어 평온해 지는 것이다.
그러기 위해

더 해야 할 것은?	
덜 해야 할 것은?	
끝내야 할 것은?	
새롭게 할 것은?	

㉦ 에니어그램 5번 유형

5유형은 민감한 감수성을 만들고 무엇에게도 사로잡히지 않는 것이다.
그러기 위해

더 해야 할 것은?	
덜 해야 할 것은?	
끝내야 할 것은?	
새롭게 할 것은?	

㉧ 에니어그램 6번 유형

6유형은 모험과 용기를 만들어가는 것이다. 그러기 위해

더 해야 할 것은?	
덜 해야 할 것은?	
끝내야 할 것은?	
새롭게 할 것은?	

㉨ 에니어그램 7번 유형

7유형은 자기성찰과 정돈, 일을 절제하고 마무리하는 책임을 키우는 것이다. 그러기 위해

더 해야 할 것은?	
덜 해야 할 것은?	
끝내야 할 것은?	
새롭게 할 것은?	

http://www.kenneagram.com

(2) 통합 에니어그램

① 통합 에니어그램이란

통합의 방향은 진화 또는 성숙이 이루어진다. 우리가 열정에 사로잡히는 것이 아니라 오히려 열정을 꽉 잡으면 함정에 빠지지 않고 기피 증세나 방어기제에 빠지지도 않게 된다. 반면에 분열의 방향은 비통합, 퇴행이라고 하는데 부조화와 불균형, 그리고 불건강한 상태를 의미한다. 비통합의 방향이 무의식적이고 충동적이라면, 통합의 방향은 의식적인 선택을 필요로 한다. 통합이 일어나기 시작할 때 자기 유형의 평균 범위에서 나타나는 제약이 고통스럽게 느껴진다. 통합은 코치이로 하여금 자기 유형의 열정 속으로 들어가는 것을 알아차리게 하고 거기에서 빠져 나오도록 코칭한다. 우리가 어느 방향으로 나아가는가는 늘 깨어있는 의식으로 자각하고 관찰하며 열정을 컨트롤 하는가 못하는가에 달려있다.

> ※ 셀프코칭 메시지
>
> "의식은 개발되는 것이다." 수야 디스(SURYA DAS)-

② 에니어그램 유형별 통합방향

에니어그램 유형별 통합방향 번호와 통합 방향의 중요한 내용을 요약한 핵심적 단어인 시크릿 키워드, 그리고 성장으로 가기 위해 해결해야할 과제, 통합 에니어그램의 이치를 빨리 깨닫고 정확하게 처리하기 위한 삶의 지혜를 정리하면 다음과 같다.

〈표 5〉 유형별 통합방향, 시크릿 키워드, 성장 과제와 삶의 지혜

성격유형	통합방향	시크릿키워드	성장 과제	삶의 지혜
1	7	칭찬과 유머	잘 쉬고 잘 놀 줄 아는 사람	지나치게 심각한 나를 웃어넘기기
2	4	자기 돌봄	행복한 이기주의자 되기	헐벗은 자신의 영혼부터 보살피기
3	6	용기와 헌신	자신의 실패와 과오 인정하기	자신의 가슴이 원하는 것을 따르기
4	1	이성과 감성의 조화	현실을 있는 그대로 수용하기	나는 다른 모든 것의 부분임을 알기
5	8	자기 개방	행동과 실천의 중요성 알기	모르는 것에 대한 믿음 가지기
6	9	신뢰와 낙관	두려움이 밀려올 때 실체 들여다보기	믿음의 씨앗을 뿌리기
7	5	집중력	자신과의 약속 끝까지 지키기	강철은 불 속에서 얻어진다는 것
8	2	관용의 미덕	자신의 부드러움 인정하기	부드러움이 나를 강하게 한다는 것
9	3	순발력	자신의 생각과 느낌 존중	나는 천하보다 귀한 존재라는 것

③ 에니어그램 성격유형별 통합방향 코칭

통합에니어그램 코칭은 크게 〈상상하기〉, 〈행동하기〉, 〈설명하기〉, 〈성찰하기〉로 나누어지며, 에니어그램 성격유형별로 다음과 같이 진행된다.

㉠ 에니어그램 8번 유형: 2번 유형으로

〈상상하기〉

표현 기법은 통합방향의 성격유형이 되어 행동을 시작하도록 격려하는 코칭 방법이다. 2번 유형인 조력가처럼 행동을 해 본다. 단순한 행동을 반복하거나 과장해보면 더욱 강력해질 수 있다. 이때 '나는 도움이 되는 사람이다.' 라는 자아 이미지를 떠올리며 행동해 본다.

〈행동하기〉

동일시하면서 연기하는 기법은 통합방향 유형을 분석하기보다 자신이 그들이 되어 봄으로써 통합방향을 더 잘 이해할 수 있다는 가정에 기초한다. 자신을 지금 여기에서 통합방향의 속성과 행동 특성을 지닌 사람으로 상상해 본다. 마치 2번이 된 것처럼 상상한 후 다음과 같은 행동특성을 표현해 본다. '나는 친절하고 세심하게 신경 쓴다. 사교적이고 관대하며 부드럽다. 남에게 칭찬과 지지를 잘한다.'

〈설명하기〉

2번 조력가의 비언어적 표현을 말로 바꾸어 말하게 함으로써 내현적인 표현을 외현적인 표현으로 만드는 코칭이다. 먼저 행동을 말로 나타내 본다. 그리고 다음과 같은 질문을 해본다.

- 당신은 조력가처럼 말하기 시작합니다. 조력가가 무슨 말을 합니까?

〈성찰하기〉

2번 조력가의 관점에서 '배려, 헌신, 자기희생'을 중심으로 질문해 본다.

- 자기중심적으로 생각하지 않는가? 상대의 입장에 서 있는가?
- 다른 사람의 기분을 배려하고 있는가?
- 자신이 상대를 위해 할 수 있는 것을 생각했는가?
- 지금 상대에게 해줄 수 있는 것을 생각해보라.

㉡ 에니어그램 9번 유형: 3번 유형으로

〈상상하기〉

3번 유형인 성취자처럼 행동을 해 본다. 이때 '나는 성공한 사람이다.' 라는 자아 이미지를 떠올리며 행동해 본다.

〈행동하기〉

마치 9번이 된 것처럼 상상한 후 다음과 같은 행동특성을 표현해 본다. '나는 유능하다, 사교적인 사람이다. 어디서건 주목받는 사람이다. 정확한 판단을 한다. 화술도 좋고 멋있다.'

〈설명하기〉

3번 성취자의 목소리, 특징적 행동 등 비언어적 표현을 말로 바꾸어 코치에게 설명해 본다. 그리고 다음과 같은 질문을 해본다.

- 당신 안의 성취자가 당신에게 무슨 말을 할 것인가?

〈성찰하기〉

3번 성취자의 관점에서 '목표, 효율, 우선순위'를 고려해 질문한다.

- 이 중요한 결과를 성취하기 위해 당신이 해야 할 일은 무엇인가?
- 목표는 명확한가?
- 방법은 효율적인가?
- 우선순위에 착오는 없는가?

㉢ 에니어그램 1번 유형: 7번 유형으로

〈상상하기〉

7번 유형인 낙천가처럼 행동을 해 본다. 이때 '나는 행복하고 멋진 사람이다.'라는 자아 이미지를 떠올리며 행동해 본다.

〈행동하기〉

마치 7번이 된 것처럼 상상한 후 다음과 같은 행동특성을 표현해 본다. '나는 쾌활하고 명랑하다. 나는 낙천적인 사람이다. 다양한 아이디어가 넘치는 다재다능한 사람이다.'

〈설명하기〉

7번 낙천가의 비언어적 표현을 말로 바꾸어 코치에게 이야기한다. 그리고 다음과 같은 질문을 해본다.

- 당신 안의 낙천가가 1번 유형에게 무슨 말을 할 것인가?

〈성찰하기〉

7번 낙천가의 관점에서 '즐거움, 고안, 가능성'을 중심으로 질문해 본다.

- 당신에게 기쁨을 가져다주는 것은 무엇인가?
- 나쁜 면뿐만 아니라 좋은 면에도 눈을 돌리면 어떨까?
- 여러 가지를 궁리해보았는가?
- 전에 했던 실패를 반복하지 않는가?

㉣ 에니어그램 2번 유형: 4번 유형으로

〈상상하기〉

4번 유형인 예술가처럼 행동을 해 본다. 이때 '나는 특별하며 독창적인 사람이다.'라는 자아 이미지를 떠올리며 행동해 본다.

〈행동하기〉

마치 4번이 된 것처럼 상상한 후 다음과 같은 행동특성을 표현해 본다. '나는 심미안이 있다. 나는 개성적이며 독창적이다. 눈에 띄는 사람이다. 정서적인 강도가 높다.'

〈설명하기〉

4번 예술가의 비언어적 표현을 말로 바꾸어 코치에게 말해 본다. 그리고 다음과 같은 질문을 해본다.

- 만약 당신이 4번 유형이라면 어떨 것 같은가?

〈성찰하기〉

4번 예술가의 관점으로 '자신다움, 독창성, 창의성'을 살려 질문해 본다.

- 창의성이 있는가? 모방 또는 아류는 아닌가?
- 자신다움은 어디에 표현되어 있는가?
- 진부하고 틀에 박혀 있지는 않은가?
- 센스를 느낄 수 있는가?

㉺ 에니어그램 3번 유형: 6번 유형으로

〈상상하기〉

6번 유형인 충성가처럼 행동을 해 본다. 이때 '나는 책임감이 강한 사람이다.'라는 자아 이미지를 떠올리며 행동해 본다.

〈행동하기〉

마치 6번이 된 것처럼 상상한 후 다음과 같은 행동특성을 표현해 본다. '나는 규범과 규칙을 중요하게 여긴다. 내가 속한 집단에서 안정감을 느끼고 최선을 다한다. 사람과 상부상조하며 협동적이다. 주변과 조화를 잘 이룬다. 믿음직스러운 사람이다.'

〈설명하기〉

6번 충성가의 비언어적 표현을 말로 바꾸어 이야기해 본다. 그리고 다음과 같은 질문을 해본다.

- 당신 안의 충성가가 말을 할 수 있다면 무슨 말을 할 것인가?

〈성찰하기〉

6번 충성가의 관점에서 '위험 관리, 동료, 규칙, 균형'을 고려하여 질문한다.

- 그룹의 목표 실현에 있어 멤버로서 당신은 어떻게 공헌할 수 있는가?
- 최악의 사태를 가정하고 있는가?

- 전례에 비춰보았는가?
- 규칙을 일탈하지 않았는가?

ⓑ 에니어그램 4번 유형: 1번 유형으로

〈상상하기〉

1번 유형인 개혁가처럼 행동을 해 본다. 이때 '나는 올바른 사람이다.' 라는 자아 이미지를 떠올리며 행동해 본다.

〈행동하기〉

마치 1번이 된 것처럼 상상한 후 다음과 같은 행동특성을 표현해 본다. '무슨 일이나 완벽하게 처리하고 정확하게 끝을 맺는다. 정직하고 원칙을 지키며 공정하다. 누구에게나 최선을 다하기를 바라고 이끌 수 있는 사람이다.'

〈설명하기〉

1번 개혁가의 비언어적 표현을 말로 바꾸어 말한다. 그리고 다음과 같은 질문을 해본다.

- 당신 안의 개혁가가 말을 할 수 있다면 무슨 말을 할 것인가?

〈성찰하기〉

1번 개혁가 관점에서 '준비, 노력, 개선, 질' 을 고려하여 질문 해 본다.

- 당신에게 중요한 이 대의에 공헌하기 위해 어떤 구체적인 단계를 밟을 것인가?
- 이 정도로 만족해도 좋은가?
- 법령(규칙)을 준수하고 있는가?
- 보다 좋게 개선하기 위해 무엇을 하는가?

ㅅ 에니어그램 5번 유형: 8번 유형으로

〈상상하기〉

8번 유형인 지도자처럼 행동을 해 본다. 이때 '나는 강하고 힘이 있다.' 라는 자아 이미지를 떠올리며 행동해 본다.

〈행동하기〉

마치 8번이 된 것처럼 상상한 후 다음과 같은 행동특성을 표현해 본다. '나는 리더십이 강하다. 나는 단호하고 흔들리지 않으며 도량이 넓다. 나는 행동가이며 솔직하다. 명예와 용기가 있다.'

〈설명하기〉

8번 지도자의 연기 중 비언어적 표현을 말로 바꾸어 이야기해 본다. 그리고 다음과 같은 질문을 해본다.

- 당신 안의 지도자를 소리로 표현해 보면?

〈성찰하기〉

8번 지도자의 관점으로 '결단, 의사결정, 정의감' 을 고려해 질문한다.

- 진심인가? 본심에서 우러나온 말인가?
- 타협하고 있지 않는가?
- 그것은 단순한 회피인가, 바른 일인가?
- 권위나 권력에 의지하고 있지 않은가?

ㅇ 에니어그램 6번 유형: 9번 유형으로

〈상상하기〉

9번 유형인 중재자처럼 행동을 해 본다. 이때 '나는 만족하며 평화로운 사람이다.' 라는 자아 이미지를 떠올리며 행동해 본다.

〈행동하기〉

마치 9번이 된 것처럼 상상한 후 다음과 같은 행동특성을 표현해 본다. '나는 어떠한 상황에서도 불만이 없으며 평온을 유지한다. 편견이 없어서 사람들에게 이해받고 있다는 느낌과 안정감을 준다. 입장을 바꾸어 생각해 본다.'

〈설명하기〉

9번 중재자의 연기 중 비언어적 표현을 말로 바꾸어 설명해 본다. 그리고 다음과 같은 질문을 해본다.

- 만약 당신이 9번 중재자라면 어떨 것 같은가?

〈성찰하기〉

9번 중재자의 관점에서 '장기적 시점, 수용력, 조화'를 고려해 질문한다.

- 결론을 너무 서두르지 않는가?
- 사물을 너무 심각하게 받아들이지 않는가?
- 상대의 기분을 생각하고 있는가?
- 현상 유지의 장점을 생각했는가?

㉨ 에니어그램 7번 유형: 5번 유형으로

〈상상하기〉

5번 유형인 사색가처럼 행동을 해 본다. 이때 '나는 현명하고 통찰력 있는 사람이다.' 라는 자아 이미지를 떠올리며 행동해 본다.

〈행동하기〉

마치 5번이 된 것처럼 상상한 후 다음과 같은 행동특성을 표현해 본다. '나는 지적이고 사려 깊으며 수용적이다. 행동 전에 생각을 하는 사람이다' 라고 말한 후 행동해 본다.

〈설명하기〉

5번 사색가의 비언어적 표현을 말로 바꾸어 코치에게 이야기한다. 그리고 다음과 같은 질문을 해본다.

- 당신 안의 사색가를 소리로 나타내 보면 어떻게 할 것인가?

〈성찰하기〉

5번 사색가처럼 '관찰, 정보, 이해'의 특성을 살려 질문해 본다.

- 정보 수집은 충분한가?
- 신뢰할 만한 정보인가?
- 객관적이고 논리적으로 판단했는가?
- 납득할 만한 근거가 있는 발언인가?
- 그렇게 하는 의미는 무엇인가?

※코칭 활동 10. 파워에니어그램 점검하기

[활동 방법]

① 활동 목표: 일주일 동안 진행된 것을 점검해보고 성공한 경험을 강화하고 유지하여 습관화에 초점 맞추기

② 활동 내용

Ⓐ 워밍업 : 호흡법을 통한 긴장이완과 자신의 느낌을 정확히 표현하기

Ⓑ 일주일 동안 진행한 과제를 살펴보고 이야기를 나누면서 본인 스스로 문제점을 살펴보고 그것들을 어떻게 풀어나갈 것인지 검점하기

- 자신의 진행을 늦추게 만든 방해물은 무엇이었나요?
- 계획상 차질은 무엇이었나요?
- 이러한 방해물을 극복할 수 있으며 계획상 벌어질 수 있는 차질들을 위해 어떤 대비를 할 수 있을까요?

Ⓒ 난관주의를 최대한 좋게 만들기

- 당신이 왜 성공할 것인지에 대한 5가지 이유를 적어보기

5) HOLY 코치

에니어그램코칭에서는 자신의 성격유형을 발견하고 코칭 문제를 해결하는 것을 계기로 자신의 성격 형성의 배경과 과정을 이해하게 되고 그로써 변화와 성숙과 통합의 길을 열게 된다. 사람이 자신을 알면 잠재력을 훨씬 더 크게 끌어내게 되고 저력을 살리게 되어 본래의 사람됨을 누리게 된다. 자신을 모르고 살면 자기에게 주어진 에너지를 제대로 쓰지 못하고 만다. 열정을 빠르게 관찰하여 그 속에 있는 최선의 힘을 신뢰함으로써 무서운 저력이 나오게 된다.

(1) 경험을 통찰하기

① 목표 달성 정도의 파악

- 성과가 아주 높았을 때를 100, 전혀 없을 때를 0으로 한다면 몇 점정도 줄 수 있는가?
- 50점이라면 그 50점의 성과는 무엇인가?
- 50점의 성과가 나오지 않은 이유는 무엇인가?

② 변화 요인에 관한 평가

- 그것을 실행해 보니 어떤 일이 일어났습니까?
- 어떤 체험을 했습니까?
- 어떤 자신이 될 수 있었습니까?
- 예상하지 못했던 결과로는 어떤 것이 있었습니까?

③ 변화가 미진한 요인에 대한 평가

- 만약 미진하다면 어떤 점이 어려운가요?
- 그리고 코치와 해결하기를 원하는 것은 구체적으로 무엇입니까?
- 그것을 하면서 어려웠던 점은 무엇인가요?

– 그것을 해결하기 위해 어떤 노력을 해야 할까요?

(2) 영적 성숙으로 가기

① 소명의식

소명이란 바로 자신답게 사는 것, 타고난 신성을 발현하는 것을 의미한다. 누군가로부터 배워서 지닌 것이 아닌, 애초부터 가지고 태어난 타고난 성격과 성향, 재능은 자기 자신을 위한 것이 아니라 세상의 필요에 의해 부여된 재능, 즉 달란트이다. 바로 에니어그램 각 유형의 타고난 기본성격은 세상의 구원을 위한 제각각의 맡은 바 임무라는 것, 바로 소명이다.

② 에니어그램 영성

에니어그램 코칭에서 영성이란 현존 안에서의 삶을 민감하게 의식하며 실존적으로 살아가는 것을 포괄적으로 의미한다. 즉, 완벽함이 아닌 변화와 성숙의 과정 속에서 온전함을 지향하는 삶이다. 따라서 끊임없는 수련이 필요하다. 에니어그램 수련은 평생을 두고 계속되어야 하고 에니어그램의 체계와 진리를 부단히 삶의 현실에 연결시키도록 애써야 한다. 크고 작은 갈등이 생기더라도 좌절하거나 포기하지 않고 늘 깨어 있으면서 조화와 균형있는 삶을 이룰 것을 상기하며 끈기있게 수련할 때 비로소 'HOLY 에니어코치'로 거듭나게 될 것이다.

③ 에니어그램 성격유형별 셀프코칭

HOLY 코치로 거듭나기 위해서는 셀프코칭이 필요하다. 기무라다카시 등(2005)은 에니어그램 유형별 트레이닝 방법으로 아침, 저녁, 고요한 명상의 상태에서 셀프 코칭을 위한 질문과 코치들을 위한 질문을 제시하였다. 정리하면 〈표 6〉과 같다.

〈표 6〉 에니어그램 성격유형별 셀프코칭을 위한 질문

성격유형	아침의 질문	저녁의 질문	HOLY코칭을 위한 질문
1	• 기분 전환이나 휴식의 시간을 갖고 있는가? • 사소한 일에 신경을 써 넓은 시야로 사물을 보는 시간을 잊고 있지는 않은가? • 자신과 다른 가치관 혹은 삶의 방법을 받아들이려고 하는가?	• 자신이 하려던 일을 했는가? • 자신이나 타인의 실수와 과오를 자연스러운 기분으로 받아들였는가? • 상대를 용서했는가?	• 코칭의 목적은 명확한가? • 목표 지향적이며 해결 지향적인가? • 결과에 점수를 준다면 몇 점인가?
2	• 혼자 자신의 내면을 생각하는 시간을 갖고 있는가? • 자신이 하고 싶은 것과 타인의 요구에 부응하는 것의 균형은 맞는가? • 필요에 따라서는 말하기 어려운 부분에 대해서도 자신 있게 말하는가?	• 자신의 욕구나 요구에 부응하는 일을 먼저 했는가? • 타인의 도움을 기쁘게 받아들였는가? • 해야 할 일을 확실히 했는가?	• 상대를 격려하고 자신감을 북돋우는가? • 상대를 돕기 위해 무엇이 가능한가? • 상대를 적절히 배려하며 대화를 시작하는가?
3	• 자신을 지지하는 동료가 있는가? • 스케줄에 여유가 있는가? • 멈춰 서서 자신의 감정을 자각할 시간을 갖고 있는가?	• 오늘 달성한 일은 나에게 있어 필요한 것인가? • 오늘 하루 시간적으로 여유가 있었는가? • 자신의 감정에 충실했는가?	• 목표나 과제를 명확히 했는가? • 우선순위를 확인했는가? • 상대보다 유리한 위치에서 승부하도록 코치하는가?
4	• 오늘 할 일을 명확히 했는가? • 논리적이고 객관적인 대화로 의미를 전달하려 하는가? • 이상적이라고 생각하는 모습을 명확히 했는가?	• 감정의 제어가 가능했는가? • 모든 사물에 현실적으로 대응했는가? • 주위와의 일체감을 느꼈는가?	• 자신다운 행동 방식으로 코치하고 있는가? • 상대의 독자성이나 창의성을 존중하고 있는가? • 자신의 감각이나 감성을 코칭에 활용하고 있는가?
5	• 따뜻한 인간적 교류의 시간을 갖고 있는가? • 자신의 정보를 적극적으로 전하고 있는가? • 생각이 정리되지 않았어도 필요에 따라 행동할 수 있는가?	• 자신의 정보를 공개하는 것을 아까워하지 않았는가? • 타인과 마음의 교류를 느낀 순간은 어느 정도 있었는가?	• 상대의 정보는 충분히 갖고 있는가? • 상대가 처한 상황을 객관적으로 판단하고 있는가? • 상대의 이야기를 잘 듣고 이해하는가?

6	• 해야 할 일은 반드시 하는 의지가 있는가? • 느긋하고 편안한 자신의 시간을 갖고 있는가? • 때때로 어떻게든 되리라는 사고방식을 갖고 있는가?	• 자신을 중심으로 무엇인가를 할 수 있었는가? • 두려움을 떨치고 행동할 수 있었는가? • 부정적인 태도나 행동을 의식적으로 멀리했는가? • 오늘 무엇에 도전했는가?	• 보고나 연락 및 상담을 상호간에 행하는가? • 목표 달성을 방해하는 장해 요인을 파악하고 있는가? • 유사 사례의 코칭을 참고로 했는가?
7	• 오늘 하루를 종이에 써서 계획하고 있는가? • 행동하기 전에 그 의미나 위험 부담을 고려하고 있는가? • 타인의 기분에 대해 배려하고 있는가?	• 일을 미루지 않고 처리했는가? • 해야 할 일에 집중해 에너지를 쏟아 부었는가? • 책임감 있게 행동했으며 확실히 책임을 졌는가?	• 상대와 함께 즐겁게 코치하고 있는가? • 좋은 의미에서 적당함이나 유희를 고려하는가? • 여러 가지 방법을 모색하면서 코치하고 있는가?
8	• 우선 상대방의 이야기를 듣고 있는가? • 자신의 말과 행동이 주위에 미치는 영향을 고려하고 있는가? • 타인을 지원하기 위해 자신의 능력을 사용하고 있는가?	• 오늘 나는 관대했는가? • 타인을 거절하거나 받아들이기를 주저하지 않았는가? • 오늘 하루 겸허함이나 타인에 대한 존경의 기분을 갖고 보냈는가?	• 상대의 의지나 결의를 확인했는가? • 목표 달성을 위해 지불할 대가가 무엇인지 이해시켰는가? • 지도 내용과 자기 자신의 행동에 차이는 없는가?
9	• 오늘 하루의 우선순위를 정해 놓고 행동하는가? • 자신의 목표 및 목적을 의식하고 있는가? • 해야 할 말은 꼭 하는가?	• 항상 자기 자신의 기분에 주의하고 있는가? • 자신의 기분에 따라 행동할 수 있는가? • 오늘의 자신의 우선순위는 옳았다고 생각하는가?	• 장기적 시점에서 코치하고 있는가? • 부하 직원의 말을 듣고 받아들이고 있는가? • 코칭의 대상과 자신의 이익을 모두 추구하는 윈윈 전략 관계를 염두에 두고 있는가?

※ 문제가 술술 풀리는 질문기술 (기무라다카시 2005)에서 발췌

2. 한국형에니어그램코칭 프로세스 훈습

1) 한국형에니어그램코칭 사례 연구 : 4번 유형을 중심으로

(1) 에니어코칭 초대

코치이에게 한국형에니어그램 성격유형 검사를 한다. 검사결과를 바탕으로 코칭을 위한 코치이의 에니어그램 핵심 역동을 파악 후 에니어그램 프로파일과 코칭워크북을 참고하여 아래와 같은 코칭 기획안을 작성한다.

에니어그램 4번 유형의 에니어그램코칭 기획안 예시

- 코치이의 기본 정보 : 여. 만 23세. 대학생
- 에니어그램 성격유형 : **님은 기본유형 4유형(예술가)으로 가슴(감정) 중심(2, 3, 4번)의 에너지를 사용하고 있으며, 날개는 5번을 가지고 있습니다. 현재 심리적인 에너지의 상태를 말해주는 분열과 통합의 방향에서는 분열의 방향(스트레스 상황)입니다.

① 기본적 성격특성

내성적이고 낭만적인 유형으로 자신을 잘 알며 감수성이 예민하고 말이 없다. 대체로 감정적으로 정직하며 창의적이고 개인적입니다. 그러나 자의식이 강하고 쉽게 우울해 질 수 있다. 사람들을 피하는 이유는 자신이 약점이나 결함이 있다고 생각하기 때문입니다. 또한 평범한 삶의 방식을 경멸할 수도 있습니다.

② 두려움과 욕망

자신의 정체성이 없는 것, 자신이 중요한 존재가 아닌 것에 대한 두려움이 있다. 중요한 무엇인가가 없기 때문에 버림받는 것이라 생각합니다. 때문에 나를 온전하게 만들 중요한 그 무엇, 독특한 자기 자신이고자 하는 욕망을 가집니다.

이 욕망은 방종으로 왜곡되어 자기참조적 행동에 빠지게 됩니다. 즉, 감정적인 개인 경험 및 느낌의 공유를 통해 타인이 아니라 자신에게 초점이 맞추는 경향이 있습니다.

③ 장점과 약점

마음이 따뜻하고 이해심이 많고 사람들을 뒷받침하고 도와주는 장점이 있으나, 질투심과 복수심이 생기고 죄책감에 사로잡히는 단점도 있습니다.

④ 행동 방식

상황이 어떠할지에 대한 상상에 사로잡히고 위축되어 쉽게 행동으로 옮기지 못합니다. 행동을 취한다면, 감정의 강렬함을 잃을 수 있고 그것은 전혀 나와 같지 않음을 느끼게 하기 때문입니다.

⑤ 에니어그램코칭의 방향

첫째, 지성과 감정의 평형을 찾기 위해 정서성에 객관성을 통합합니다. 이를 위한 코칭전략으로 감정이 경험을 통제하고 변화무쌍한 감정 반응을 겪는 정서패턴을 점검합니다.

둘째, 자신을 타인과 비교하지 않고도 자존심을 갖습니다. 이를 위한 코칭전략으로 비교하고 시기하며 자신 만의 공상 속으로 들어가는 행동패턴을 점검합니다.

셋째, 자신과 타인에게 동시에 그리고 동등하게 초점을 맞춥니다. 이를 위한 코칭전략으로 독특한 정체성을 가져야만 한다는 인지패턴을 점검합니다.

2) 목표 설정

에니어그램코칭 기획안을 바탕으로 코치이와의 합의하에 에니어그램 4번 유형의 코칭 목표를 아래와 같이 설정한다. 목표는 코치이가 종결까지 도달하고자 하는 이상적 수준의 목표인 장기목표와 한 회기 또는 몇 회기 내에 달성할 수 있다고 기대하는 목표인 구체적 단기목표로 나누어 살펴본다.

첫째, 지성과 감정의 평형을 찾기 위해 정서성에 객관성을 통합한다.

① 어머니에게 짜증을 부리는 빈도를 현재보다 감소시킨다.

② 남성에게 버림받을 것 같은 상황에서 화를 내는 반응행동을 줄인다.

둘째, 자신을 타인과 비교하지 않고도 자존심을 갖는다.

① 내가 '부족해서'라는 생각과 모두 내 잘못이라는 생각을 덜 한다.

② 이성 관계에서 매달리는 자신에 대한 비난을 덜 한다.

셋째, 자신과 타인에게 동시에 그리고 동등하게 초점을 맞춘다.

① 남성에게 전화가 오지 않는다고 여러 차례 전화나 문자를 보내는 행동을 줄인다.

② 남성에게 자신이 바라는 바를 제대로 전달한다.

3) 열정 점검

TFM 평가모형을 활용하여 목표의 걸림돌이 되는 열정, 즉 인지, 정서, 그리고 행동패턴을 점검해본다.

① **인지패턴 :** 나는 독특하고 직관적이고 민감해야 한다. 중요한 무엇인가를 잃어버렸다.
② **정서패턴 :** 감정이 경험을 통제하는 경향을 알아차린다.
③ **행동패턴 :** 공상은 현실로부터 멀어지게 한다. 비교와 시기의 역할을 알아차린다.

※ 코칭 TIP!

① 열정 점검을 위한 코칭 과제 내주기

4번 유형은 과거나 현재의 관계에서 밀고 당기는 성향이 어떻게 나타났는지 기록한다. 특별하거나 독특해 보이려고 얼마나 애쓰는지를 기록하고, 시기심이 일어날 때나 인생이 회의스러워 우울해질 때의 느낌을 기록하도록 과제를 내준다.

② 코칭 관계에서 야기될 수 있는 이슈

- 4유형은 아무도 그들을 이해할 수 없거나 도울 수 없다는 신념이 있음을 기억하라. 그리고 그들은 타인에게 되는 일이 그들에게는 되지 않는다고 믿을 수 있다. 코치는 그들의 독특함을 인정할 수 있고, 동시에 그들에게 기꺼이 그들의 약속을 지킬 것인지를 물어보라. 처음부터 그들에게 어떻게 책임지고 끝까지 해낼 것인지 물으라.
- 4유형의 의사소통 방식은 감정적 함축이 있는 자기참조 경향이 있다. 과거에 있었던 자기 비난 또는 갈망에 대한 경험을 인용할 수도 있다. 코치이에게 자신들이 원하는 성과를 내기 위해 물리적 세계에서 그들이 지금 활용할 수 있는 행동이나 전략에 집중하도록 요청하라. 물리적 세계는 그들의 레이더망에서 주로 드러나지 않는다.
- 코치이는 코치를 주춧돌 위에 올려놓고 또 다른 비교나 시기의 대상으로 만들 수 있다. 코치도 강점과 약점이 있는 실제 사람이라는 것을 알게 하라.

4) 파워에니어그램

(1) 미덕 에니어그램

4유형의 미덕은 평온함이다. 현실적이고 보편적인 타당성을 갖추어 평온해지는 것이다.

① 코칭 이슈

- 평범함에서 비범함을 발견하라. 작은 것에 감사하고, 이 순간에 여기에 존재함의 재능에 대해 감사하고, 이미 가지고 있는 것을 즐겨라.
- 있는 그대로의 사물에 대한 느낌을 인식하라. 감정은 실제의 반영이지 않다. 타인들은 매우 다르게 상황에 반응할 수 있다는 것을 기억하라.
- 타인에게 관심을 가지고 관계하라. 이것은 자신의 주의가 자기도취적인 것에서 균형 잡힌 상호작용의 방법으로 변화하게 도와준다.

② 4번을 위한 질문과 피드백

- 바로 지금 당신과 당신의 인생에 대해 완벽한 것은 무엇인가? 4번 유형의 핵심 이슈는 선천적으로 결함이 있는 존재라는 느낌이다.
- 이 상황에서 바로 지금 잘 되고 있는 것은 무엇인가? 4유형에게 긍정적인 것과 현재에 주의를 유지하도록 격려하라.

(2) 통합 에니어그램

4번 유형의 통합 방향은 1번 개혁가이다.

① 코칭 이슈

- 신체와의 관계를 개발하라. 그럼으로써 감정에서 신체로 주의가 바뀌고 평온함을 경험할 수 있다.
- 실제적 재능과 소질을 인정하라. 자신이 가진 것을 감소시키는 독백을 줄이고, 재능을 세상에서 사용하기 위해 의미 있는 행동을 취하는데 초점을 맞추라.

② 4번을 위한 질문과 피드백

- 바로 지금 당신의 몸에서 경험하는 것은 무엇인가? 그들의 감정에서 신체로 4유형의 주의를 바꾸라.
- 당신은 인생에서 무엇을 창조하고 싶은가? 당신이 원하는 성과를 이루기 위해서는 오늘 어떤 활동을 해야 하는가? 4유형이 목적 지향적인 행동을 하도록 지원하라.

5) HOLY 코치

HOLY 코치로 거듭나기 위해서는 셀프코칭을 한다. 고요한 명상의 상태에서 셀프 코칭을 할 때 더욱 효과적이다. 자신에게 맞는 다양한 방법을 활용하여 셀프 코칭 할 수 있다. 예를 들어, 4번 유형의 성장을 위한 도움말을 자신에게 해 주는 것도 도움이 된다.

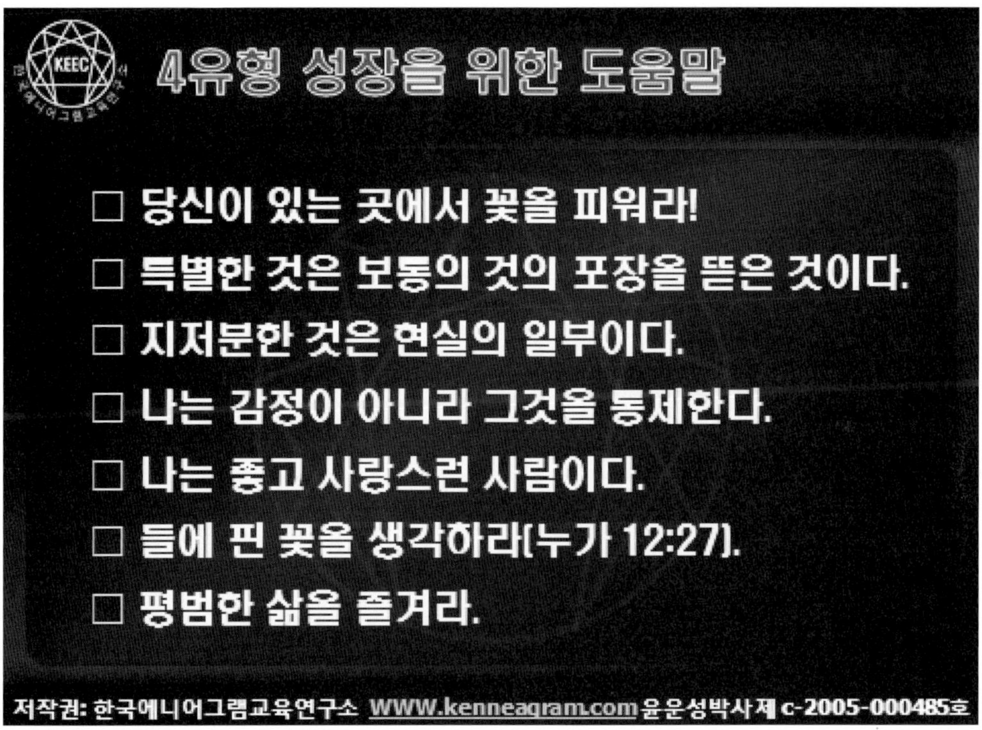

한국형에니어그램 2단계 교육과정 및 워크북 참고

V. 한국형에니어그램 코치

1. 한국형에니어그램 코치의 자세

1) 통합과 신성

- 한국형에니어그램 코치에게 필요한 자질 중 첫 번째는 바로 통합과 신성을 추구하는 것이다. 에니어그램코칭은 자신의 본질인 신성을 찾아가는 내면의 여정이다. 자신의 유형을 찾는다는 것은 자신에 대한 통찰과 직결된다. 무의식에 있는 집착인 열정을 알아서 그것을 극복함으로써 균형을 찾은 상태 즉, 본질이 본래 모습임을 자각하고 자신의 소명으로 되돌아가기 위해 끊임없이 수련해야 한다. 태어나기 전부터 충만함, 사랑, 창조, 지혜, 평화 등 삶 속에서 추구해 왔던 모든 것을 이미 자신 안에 가지고 있었다는 사실을 깨달아야 한다.

- 성격에 의해 가려졌던 본질이 드러난다는 것은 내면의 관찰자가 커진다는 것을 의미한다. 나 자신을 아는 것만큼 타인에 대해 너그러워진다. 집착은 자신의 소명으로 가는 디딤돌이기도 하다. 집착과 소명은 빛과 어둠의 관계로 빛이 있으면 어둠은 애초부터 존재하지 않았다. 오직 빛만 존재한다. 자신의 내면을 통찰하기 시작하면 오직 소명이 드러날 뿐이다. 내면에 잠들어 있는 소명을 만나기 위해 집착을 탐구할 뿐이다. 따라서 타고난 본질의 상태인 신성으로 가기 위해 통합을 지향한다.

2) 전문성

코치는 전문성이 있어야 한다. 전문성이 있는 코치가 되기 위해서 가장 우선시되어야 하는 것은 고도의 지식과 코칭기술과 경험 등이다. 이를 자세히 살펴보면 다음과 같다.

첫째, 고도의 전문지식을 가지고 있어야 한다. 전문지식이 필요한 이유는 코치가 만나야 하는 코치이는 매우 다양한 목적을 가지고 만나야 하기 때문이다. 코치이들은 다양한 인생경력을 가지고 있으며, 다양한 인생경력만큼 다양한 문제를 가지고 코치를 만난다. 따라서 이들의 다양한 욕구를 수용할 수 있으려면 코치는 에니어그램, 심리학, 교육학 등 필요한 해당분야의 전문적인 지식을 폭넓게 가지고 있어야 한다.

둘째, 코칭기술을 알고 있어야 한다. 전문적인 지식은 가지고 있지만 코칭에 관련된 코칭 프로세스와 코칭기술을 모르면 코치이와의 관계가 서먹해질 뿐 아니라 아무런 원하는 목표를 달성하기가 어려다. 따라서 코칭 프로세스와 코칭기술을 익혀 코칭효과를 만들어 낼 수 있어야 한다.

셋째, 경험을 많이 가지고 있어야 한다. 경험이라는 것은 풍부한 인생경험부터 코칭 임상경험까지를 말한다. 코치이가 인생의 경험 자체가 다양하고, 다양한 요구를 가지고 있기 때문에 인생의 다양한 경험이나 임상의 다양한 경험만을 가지고 코칭을 하기는 어렵기 때문이다. 때로는 인생의 풍부한 경험만으로도 코칭이 이루어지기도 하고, 다양한 임상경험만으로도 코칭을 할 수 있는 때도 있지만 두 가지의 경험 모두를 원할 때도 있기 때문이다.

3) 전인사명서

(1) 사명서 작성의 의의

– 대부분의 사명은 한 번에 불쑥 터져 나오는 것이 아니라 꽃이 피듯 서서히 펼쳐진

다. 꽃을 보고 싶거든 기다릴 줄도 알아야 한다. 사명은 혁명적인 동시에 점진적이다. 따라서 상당한 인내와 끈기가 필요하다.

– 기록으로 남겨야 한다. 사명서는 강렬한 힘의 원천이기 때문이다. 사명을 내면화해 주고 현실화시켜 준다. 즉, 사명을 가슴와 머리에 새기게 해줌으로써 행동하게 한다. 사명서는 살아가면서 부딪히는 모든 문제들에 대해 현명하게 판단하고 결정할 수 있는 나침반과 등대 같은 역할을 한다. 그리고 바쁜 일상 속에서 망각하기 쉬운 소중한 가치들에 대해 항상 생각하게 하고 그 소중한 가치들을 기준으로 삼아 모든 것을 생각하고 말하고 행동하게 하는 놀라운 힘을 발휘한다.

– 사명서를 작성함으로써 중요한 일이 있다는 강력한 확신을 주며, 눈앞의 현실 너머를 볼 수 있는 능력을 갖게 해 준다. 또한 창조하고 발명하는 능력을 계발시켜준다. 창의적인 상상력을 통해 미래를 그려볼 수 있기 때문이다.

– 우리는 자신의 사명을 만들어 내는 것이 아니라 이미 존재하는 사명을 찾는 것임을 명심할 필요가 있다.

(2) 사명서 작성의 준비

– 이미 달성한 것처럼 현재형으로 기록해야 한다.
– 다양한 활동과 시간을 포함시켜야 한다.
– 현실에 닻을 내린 세부사항으로 가득 채워야 한다.
– 전인사명서의 모델을 찾아라.

(3) 전인사명서의 작성방법

① 사명선언서 작성 1단계

'HOLY코치로서 내 삶의 목적, 내가 만들고 싶은 세상'과 'HOLY코치로서 내가 하고 싶고, 해야 하며, 잘 할 수 있는 일'의 두 가지 요소를 두 개의 문장으로 연결하여 초안을 만든다.

② 사명선언서 작성 2단계

1단계에서 작성한 초안이 아래의 조건에 잘 맞는지 검토하면서 구체적으로 작성한다.

- 외우기 쉽도록 짧게 만들어야 한다.
- 아이라도 쉽게 이해할 수 있을 만큼 표현이 정확해야 한다.
- 세 문장을 넘지 않아야 한다.

③ 사명선언서 작성 3단계

바람직한 사명선언서를 작성하려면 그 내용을 여러 차례 다듬는 과정이 필요하다.

HOLY 코치 사명서 예시

매일 아침 일어나자마자 다음과 같이 결의할 수 있게 해 주소서.

- 나는 행동할 때 한국형에니어그램의 HOLY 코치임을 자각하고 행동합니다.
- 나는 코치이의 행복과 미래에 대해 진정한 관심을 보여줍니다.
- 나는 코칭 과정에서 매순간 집중력과 유연성을 보여줍니다.
- 나는 적극적으로 경청하고 코치이의 시각을 이해한 후에 질문합니다.
- 나는 분명하고 솔직하게 피드백을 제공합니다.
- 무엇보다 나 자신의 신성 회복을 위해 매일 매일 정진합니다.
  그리고 감사의 마음을 갖겠습니다.

※코칭 활동 11. HOLY코치 사명서 작성하기

- 에니어그램 HOLY코치로서 당신의 목적을 적습니다.
  이 사명서는 한번 작성으로 끝나는 것이 아니며, 지속적으로 발전하는 문서입니다.
- HOLY코치로서 당신은 누구인가? 가치는 무엇인가? 당신의 삶을 의미있게 만들기 위해서 시간을 어떻게 활용하려고 하는가? 등에 대해 스스로 답해 봅니다.
- 사명서는 짧은 몇 문장이거나 몇 개의 단락이어야 합니다. 다만 주기적으로 사명서를 참고하고 당신이 성장하면서 그것을 수정하는데 주저하지 않습니다. 사명서는 HOLY코치로서 당신이 꿈과 목표를 성취할 수 있는 기반을 닦아줄 것이고, 당신의 목적과 매일매일의 할 일들을 제시해 줄 것입니다.

- HOLY코치로서 당신의 삶을 결정하는 사람은 바로 당신입니다.

2. 윤리규정

Part 1. 코칭의 정의

1) **코칭** : 한국형에니어그램코칭은 코치이의 개인적이며 전문적인 잠재성을 극대화할 수 있도록 창의적으로 사고하며 활동하는 과정에서 협력하는 것이다. 궁극적으로는 코치이의 신성을 계발할 수 있도록 돕는다.
2) **전문적인 코칭관계** : 전문적인 코칭관계는 각자의 책무를 명시한 협약서나 계약서를 작성한 경우에 성립한다.
3) **HOLY 전문코치** : HOLY 전문코치는 한국형에니어그램코칭을 하는데 합의하고, 윤리강령을 준수한 것에 서약한다.

Part 2. 윤리행동에 대한 기준

Section 1. 전문인으로서의 행동개관

1) 나는 내가 코치로서 제공하는 서비스에 대해 진실이 아니거나 오해를 갖게 하는 공식적인 발언을 하지 않으며, 공식적인 서류에 나의 자격, 코치로서의 전문성과 관련된 어떠한 잘못된 내용도 포함시키지 않을 것이다.
2) 나는 나의 코치자격, 전문지식, 경험, 수료증과 인증자격을 정확하게 밝힐 것이다.
3) 나는 다른 사람의 노력과 기여를 존중하고 인정하며, 그것들을 내가 한 것처럼 왜곡하지 않을 것이다. 이를 위반하면 규제 대상이 될 수 있다는 것을 알고 있다.
4) 나는 나의 코칭성과나 코칭관계를 해치거나 갈등을 유발시키거나 방해할 수 있는

개인적인 사안들이 무엇인지를 알려고 항상 노력할 것이다. 무슨 일이 생기면 나는 즉시 전문적인 도움을 구하고 코칭을 연기하거나 종료하는 것을 포함하여 필요한 조치를 취할 것이다.

5) 나는 법에 저촉되지 않는 범위 내에서 코칭 과정에서 발생된 모든 기록물을 안전하게 유지, 보관하고 폐기할 것이다.

Section 2. 이해의 상충

6) 나는 이해가 상충하거나 상충가능성을 피하도록 노력할 것이며 그런 사례는 공개적으로 표명할 것이다. 이해가 상충하는 일이 생긴 경우, 개입되지 않도록 할 것이다.

7) 나는 의도적으로 협약서나 계약서에 명시된 보상 이외에 코치와 코치이간의 관계를 개인적, 직업적, 금전적으로 오용하지 않을 것이다.

Section 3. 코치이 대하기

8) 코치로서 나로부터 받을 것들에 대해 의도적으로 잘못 인도하거나 부당한 요구를 하지 않을 것이다.

9) 오해의 소지나 거짓인 것으로 알고 있거나 그럴 가능성이 있는 정보와 조언을 제공하지 않을 것이다.

10) 나는 전문적인 코칭관계에서 이루어지는 모든 동의사항과 계약을 준수할 것이다.

11) 나는 사전미팅이나 미팅에서 코칭의 본질, 기밀성의 내용과 한계, 금전적 동의, 그 외의 동의와 계약사항에 대해 주의깊게 설명하고 확실하게 할 것이다.

12) 코치이와 가질 수 있는 신체적 접촉에 관해 명확하고 적절한, 그리고 문화적으로 민감한 범위를 책임지고 정한다.

13) 어느 시점에서든지 코칭관계를 끝낼 수 있는 코치이의 권리를 존중한다. 나는 코칭이 더 이상 도움이 안 된다는 것을 시사하는 코치이의 반응을 놓치지 않도록

항상 주의를 기울일 것이다.

14) 다른 코치나 다른 방법으로 더 나은 서비스를 받을 수 있다고 판단되면, 그 방법으로 바꾸도록 권장할 것이다.

Section 4. 비밀유지와 사생활

15) 코치이의 정보에 대한 비밀을 엄격한 수준에서 지킬 것이다. 법적인 요구를 제외하고는 정보를 유출하기 전에 명확한 동의와 계약을 할 것이다.

Part 3. 한국형에니어그램코칭 윤리서약

나는 한국형에니어그램 전문코치로서 코치이, 동료 및 대중에 대한 법률적인 의무들을 존중할 것을 인정하고 동의한다. 나는 한국형에니어그램코칭의 윤리강령을 따를 것이며 이러한 기준을 가지고 코치이를 대할 것이다. 만약 내가 이 윤리서약이나 윤리강령의 어느 일부분이라도 위반한다면, 나는 한국형에니어그램코칭이 가지고 있는 재량으로 나에게 책임을 물을 수 있음에 동의한다. 더 나아가 이러한 위반에 대한 책임으로 나의 한국형에니어그램코칭의 멤버십과 자격이 박탈될 수 있음에 동의한다.

참 고 문 헌

가무라 다카시, 다카하시 게이지(2003). 이정환역. 문제가 술술 풀리는 질문기술. 서울: 영진닷컴

고영순(2007). 페르소나의 진실. 서울: 학지사

구은미, 방영숙(2013). 누구나 쉽게 하는 코칭실전. 서울: 지식공감

김농주(2003). 커리어 코칭(마음으로 코칭하라). 서울: 새로운 사람들

김병석(1997). 상담의 과정과 기법. 청소년상담사 전문교육교재

김미화(2012). 에니어그램 부모코칭 프로그램 개발 및 효과 검증. 대전대학교 박사학위청구논문

김영운(2007). 에니어그램 내 안의 보물 찾기. 서울: 올리브나무

김인숙(2002). 내안의 부자인 나 가난한 나 찾아가기. 서울: OK Press

김창대(2009). 인간변화를 촉진하는 다섯 가지 조건에 관한 가설. 인간이해, 30(2), 21-43. 한국상담학회.

김창대(2012). 과정기반개입모형(PBIM)과 사례개념화. 이음세움심리상담센터 워크샵

김환영 외 공역(2007). 에니어그램 코칭. 서울: The9.

다케다고이치(2003). 심교준역. 팀 심리코칭. 서울: 한언

대니얼 길버트(2006). 서은국·최인철외1인역. 행복에 걸려 비틀거리다. 서울: 김영사

도미향, 정미현, 김응자(2011). 성격과 코칭의 이해. 서울: 신정

돈 리차드 리소, 러스 허드슨(2012). 구태원·도홍찬역. 에니어그램의 이해. 서울: 드림넷미어

돈 리처드 리소, 러스 허드슨(2000). 주혜명역. 에니어그램의 지혜. 서울: 한문화

로리 베스 존스(2007). 송경근역. 기적의 사명선언문. 서울: 한언

리처드 로어(2006). 이화숙역. 내 안에 접힌 날개. 서울: 바오로딸

마샤 벤치(2007). 최효진역. 커리어코칭. 서울: 교보문고

박범석(2005). 교육과 종교의 관계에서 본 에니어그램. 에니어그램연구. 2(2). pp.245-263.

박영만·송민영(2003). 통합교육과정과 전인교육. 서울:학지사.

박현아(2008). 윌버의 의식스펙트럼 입장에서 본 에니어그램의 자아초월적 의미 고찰. 공주대학교 교육대학원.

수잔 로즈(2012). 진칠수·김환영·박순임역. 긍정 에니어그램. 서울: 마을살림

양세혁(2011). 〈쿵푸팬더〉 캐릭터의 욕망과 두려움 분석. 학술지 예술과 미디어. 10(2). pp.95-106

양세혁(2013). 〈Up〉의 캐릭터에 내재된 두려움과 욕망 분석 : 에니어그램 성격유형론에 근거하여. 학술지 한국콘텐츠학회논문지. 13(5). pp.58-70

에드 마이클스(2002). 최동석 역. 인재전쟁. 서울: 세종서적

윤운성(1998). 성격을 알면 성공이 보인다. 서울: 학지사

윤운성(2007c). 에니어그램 이해-나를 찾아 떠나는 여행. 한국형에니어그램 1단계. 서울:한국에니어그램교육연구소.

_____(2004c). 한국형에니어그램의 해석과 활용. 아산: 한국에니어그램교육연구소

_____(2004d). 한국형에니어그램 심층발달수준. 아산: 한국에니어그램교육연구소

_____(2004e). 에니어그램 적용-너와 내가 함께 가는 여행. 한국형에니어그램 3단계. 서울:한국에니어그램교육연구소

_____(2007a). 한국형에니어그램 평가. 아산: 한국에니어그램교육연구소

_____(2007c). 에니어그램 탐구-나의 길을 따라가는 여행. 한국형에니어그램 2단계. 서울:한국에니어그램교육연구소.

_____, 손진희 역(2013). 에니어그램 실제 가이드. 서울: 한국에니어그램교육연구소

윤운성 외 공저(2014). 한국형에니어그램 용어사전. 서울: 한국에니어그램교육연구소
윤운성, 이지영, 조주영, 최정혜(2013). 행복더하기 에니어그램코칭 프로그램 개발. 에니어그램연구 제10권 제2호 141p ~ 163p
윤운성, 임형택, 황임란(2003). 에니어그램의 이해와 적용. 서울: 학지사.
이강옥(2006). 에니어그램 이야기. 서울: 중앙적성출판사
이민호(2007). 코칭 리더십의 공공부문 도입에 관한 연구. 단국대학교 대학원 석사학위청구논문
이병창(2011). 에니어그램을 넘어 데카그램으로. 서울: 정신세계사
이부영(2002). 자기와 자기실현. 서울: 한길사
이부영(2011). 분석심리학(융의 인간심성론). 서울: 일조각
이명우 역(2015). 사례개념화 이해와 실제. 서울: 학지사
이순자(2003). 구르지예프, 베어 및 리소의 에니어그램 비교. 창원대학교 박사학위청구논문
이언 맥더모트, 앤디 제이고(2007). 코칭 바이블. 서울: 웅진 윙스.
이장호, 금명자(2014). 상담연습교본. 서울: 법문사
이종식(2013). 성격의 비밀. 서울: bookLab
이종의(2014). 나와 너의 만남 에니어그램. 서울: 나무의꿈
이희경(2007). 코칭 입문. 서울: 교보문고.
조성진(2008). 코칭ABC. 서울: 심포지움
주혜주 외(2010). 의사소통 워크북. 서울: 정문각
최영민(2011). 쉽게 쓴 자기심리학. 서울: 학지사
코리(1996). 심리상담과 치료의 이론과 실제. 서울: 시그마프레스
하영자(2004). 에니어그램 성격유형을 활용한 영성상담에 관한 연구. 경성대학교 박사학위청구논문

한국코칭센터(2008). CEO를 위한 비즈니스 코칭. 서울: 한국코칭센터.

현명호·유재민·이정아·박지선(2006). 통합적 상담: 사례중심의 접근. 서울: 시그마프레스.

황화숙(2010). 내감정을 이기는 심리학. 서울: 아름다운사람들-28

Ginger Lapid Bogda(2008). 김환영·박혜영역. 리더십 성격이 결정한다. 서울: 비즈니스북스

Ginger Lapid Bogda(2011). 이소희역. 캐릭터 코칭&리더십 에니어그램에 길을 묻다. 서울: 북허브

Ginger Lapid Bogda(2011). 이해경외 공역. 에니어그램 개발 가이드. 서울: The9

Hurley. Kathleen & Dobson. Theodore(2003). 주혜명역. 영혼의 잠재력 키우기. 서울:다른우리

Steve Sheward, Rhena Branch(2013). 김장회·정영숙외1명역. 동기촉진진로상담과 코칭. 서울: 학지사

Roxanne Howe-Murphy(2007). 김환영 외 공역. 에니어그램 코칭. 서울: The9

한국에니어그램교육연구소 교육과정

단계	단계명칭	교육목표 / 교육내용	시간	부여자격
1단계	에니어그램 이해 '나를 찾아 떠나는 여행'	• 한국형에니어그램 검사 • 에니어그램 성격이론 및 구조 • 유형별 특징·날개·분열 및 통합 개관	10시간 (매월)	한국형에니어그램 (검사지 사용 자격)
2단계	에니어그램 탐구 '나의 길을 따라가는 여행'	• 9 유형 세부적 특징 • 날개, 분열, 통합, 성장 • 자아의식과 행동방식(공격, 순응, 후퇴)	10시간 (매월)	
3단계	에니어그램 적용 '너와 내가 함께하는 여행'	• 하위유형(본능동기) • 유형별 유사점 및 차이점, 성장전략 • 에니어그램과 인간관계 (아동/청소년, 조직, 리더십)	10시간 (격월)	한국형에니어그램 일반강사 자격 (별도의 검사지 교육필수)
4단계	에니어그램 평가 '통합으로 가는 여행'	• 관련이론과의 비교 및 포괄성 (성격유형론, 프로이드, 신프로이드, 융, TA, DSM-IV) • 의식수준 / 양육과 발달적 접근 • 에니어그램분석 / 윤운성 연구결과 • 비디오상영 / 본질적 접근	16시간 (년 4회)	
심화단계	심층 에니어그램 의식수준 '여기 그리고 지금'	• 자아집착 • 부모의 양육과 아동의 초기경험 • 유형별 심층적 분석 • 유형별 체험을 통한 진정한 자아발견 • 패널의 경험 모두 나누기 • 유형별 노래명상 • 여기 그리고 지금	32시간 (년 2회)	4단계 이수자 전문강사 자격취득 필수과정
5단계	에니어그램 supervision '가르치며 배우는 여행'	• 에니어그램 supervision • 전문강사 지도자 훈련(PANEL 교육) • 자기관찰 훈련 • 방어기제 체험 • 영적 성장을 위한 체험	32시간 (년 1회)	한국형에니어그램 전문강사 자격 (전문강사 훈련 필수)

검사지 신청

- **한국형에니어그램검사지(성인, 청소년)** : 1set 30,000원(10부)
- **한국형에니어그램 프로파일/응답지(성인, 청소년)** : 1set 25,000원(10부)
- **진로 및 학습, 아동용 검사지/프로파일/응답지** : 1set 30,000원(10부)
- **아동·청소년/성인 간편검사지** : 1set 20,000원(10부) / **아동·청소년 간편 프로파일/응답지** : 1set 30,000원(10부) / **성인 간편 프로파일/응답지** : 1set 25,000원(10부)
- **한국형에니어그램 단계별 교재** : 각각의 단계교육 이수자 이상 판매
- **한국형에니어그램 검사지 및 프로파일 / 응답지**는 10부 단위로 판매됩니다.
  11만원 이하 발송비 주문자 부담 – 50만원 이상 5% D/C , 100만원 이상 10% D/C –
- **구입문의 : (02)3446-3165, www.kenneagram.com, help@kenneagram.com**
  1. 검사지 및 프로파일/응답지는 한국에니어그램교육연구소에서 1단계 이상 수료하신 회원들이 구입하여 사용할 수 있습니다.
  2. 현재 한국형에니어그램 검사, 프로파일/응답지(성인용)는 청색과 검정색으로 되어 불법으로 복제하면 법에 의해 처벌을 받습니다.
  3. 현재 한국형에니어그램 검사, 프로파일/응답지(진로및학습, 청소년용, 아동용)는 녹색과 검정색으로 되어 불법으로 복제하면 법에 의해 처벌을 받습니다.

한국에니어그램교육연구소 단계별 교재 및 참고서적

단계	단계명칭	참고서적	저자
1 단계	에니어그램 이해	– 성격을 알면 성공이 보인다. (역, 학지사, 1998) – 한국형에니어그램 성격검사 [성인용(KEPTI) / 청소년용(KEPTI–J)] – 한국형에니어그램 해석과 활용 (2004) – 에니어그램으로 본 다문화세상 (공저, 양서원,2011) – 한국형에니어그램 용어사전 (한국에니어그램교육연구소,2012) – 핵심에니어그램가이드 (한국에니어그램교육연구소, 2015) – 에니어그램성격:자기발견과 인간관계 (역, 한국에니어그램교육연구소, 2016)	윤운성 윤운성 윤운성 윤운성 외 윤운성 외 윤운성
2 단계	에니어그램 탐구	– 에니어그램 정복 : 자기발견을 통한 자기완성의 길잡이 (역, 학지사, 2002) – 성공적인 자녀양육을 위한 9가지 성격 (한국에니어그램교육연구소, 2008) – 한국형에니어그램 용어사전 (한국에니어그램교육연구소, 2012) – 에니어그램과 12단계–강박의 극복 : 삶을 위한 영적 도구 (공역, 한국에니어그램교육연구소, 2012) – 한국형에니어그램 용어사전 (한국에니어그램교육연구소, 2012) – 핵심에니어그램가이드 (한국에니어그램교육연구소, 2015) – 에니어그램성격:자기발견과 인간관계 (역, 한국에니어그램교육연구소, 2016)	윤운성 윤운성 윤운성 외 윤운성 외 윤운성 외 윤운성
3 단계	에니어그램 적용	– 에니어그램 : 성공하는 사람의 성격관리 (공역, 학지사, 2001) – 최강팀 만들기 : 팀워크 에니어그램 (공역, 흐름출판, 2005) – 에니어그램으로 본 다문화세상 (공저, 양서원, 2011) – 한국형에니어그램 사례집 1(한국에니어그램교육연구소, 2012) – 한국형에니어그램 용어사전 (한국에니어그램교육연구소, 2012) – 한국형에니어그램 사례집 2 (한국에니어그램교육연구소, 2015) – 에니어그램 사회 (역, 한국에니어그램교육연구소, 2012) – 에니어그램 직업 및 학과사전 (한국에니어그램교육연구소, 2013) – 에니어그램 실제 가이드 (한국에니어그램교육연구소, 2013) – 한국형에니어그램성격하위유험검사 (한국에니어그램교육연구소, 2014) – 에니어그램과 행복 (한국에니어그램교육연구소, 2015) – 핵심에니어그램가이드 (한국에니어그램교육연구소, 2015) – 에니어그램성격:자기발견과 인간관계 (역,한국에니어그램교육연구소, 2016)	윤운성 외 윤운성 외 윤운성 외 윤운성 윤운성 외 윤운성 윤운성 윤운성 윤운성 외 윤운성 윤운성 외 윤운성
4 단계	에니어그램 평가	– 필수 에니어그램 : 정확한 성격유형검사로 자기발견 및 자기성숙에 이르는 가이드 (역,학지사, 2002) – 한국형에니어그램 용어사전 (한국에니어그램교육연구소, 2012) – 에니어그램 사회 (역, 한국에니어그램교육연구소, 2012) – 에니어그램 성격유형 (공역, 학지사, 2010) – 에니어그램 명상 – 성장과 치유를 위한 학습힐링 (한국에니어그램교육연구소, 2013) – 핵심에니어그램가이드 (한국에니어그램교육연구소, 2015) – 에니어그램과 함께 영혼의 잠재력 발견하기 (한국에니어그램교육연구소, 2015) – 지금 이 순간을 자각하라 (역, 한국에니어그램교육연구소, 2012) – 에니어그램의 깨달음 (한국에니어그램교육연구소, 2015)	윤운성 윤운성 외 윤운성 윤운성 외 윤운성 윤운성 윤운성 윤운성 윤운성 외
4.5 (심화) 단계	심층 에니어그램 의식수준	– 성공적인 자녀양육을 위한 9가지 성격(한국에니어그램교육연구소, 2008) – 에니어그램 성격유형 (공역, 학지사, 2010) – 한국형에니어그램 용어사전 (한국에니어그램교육연구소, 2012) – 에니어그램 사회 (역, 한국에니어그램교육연구소, 2012) – 지금 이 순간을 자각하라 (역, 한국에니어그램교육연구소, 2012) – 에니어그램과 12단계 (한국에니어그램교육연구소, 2012) – 한국형에니어그램 1단계 교안 (한국에니어그램교육연구소, 2012) – 에니어그램 명상 – 성장과 치유를 위한 학습힐링 (한국에니어그램교육연구소, 2013) – 에니어그램의 깨달음 (한국에니어그램교육연구소, 2015) – 에니어그램과 함께 영혼의 잠재력 발견하기 (한국에니어그램교육연구소, 2015) – 핵심에니어그램가이드 (한국에니어그램교육연구소, 2015) – 신성한 사고의 에니어그램 (한국에니어그램교육연구소, 2014)	윤운성 외 윤운성 윤운성 외 윤운성 윤운성 윤운성 외 윤운성 윤운성 윤운성 외 윤운성 윤운성 윤운성 외
5 단계	에니어그램 슈퍼비전	– 에니어그램 2 : 내안에 접혀진 날개 후편 (역 , 열린, 2003) – 에니어그램 지능 : 효과적인 수업과 학습을 위한 성격의 이해 (공역, 교육과학사, 2003) – 에니어그램 성격유형 (공역, 학지사, 2010) – 한국형에니어그램 용어사전 (한국에니어그램교육연구소, 2012) – 에니어그램과 12단계–강박의 극복: 삶을 위한 영적 도구 (공역, 한국에니어그램교육연구소, 2012) – 에니어그램 사회 (역, 한국에니어그램교육연구소, 2012) – 한국형에니어그램 사례집 (한국에니어그램교육연구소, 2012) – 한국형에니어그램 2단계 교안 (한국에니어그램교육연구소, 2012) – 에니어그램 실제가이드 (한국에니어그램교육연구소, 2013) – 에니어그램 명상 – 성장과 치유를 위한 학습힐링 (한국에니어그램교육연구소, 2013) – 핵심에니어그램가이드 (한국에니어그램교육연구소, 2015) – 신성한 사고의 에니어그램 (한국에니어그램교육연구소, 2014) – 지금 이 순간을 자각하라 (역, 한국에니어그램교육연구소, 2012) – 에니어그램의 깨달음 (한국에니어그램교육연구소, 2015) – 집단지능과 번영을 위한 9가지설계원리: 에니어그램 (한국에니어그램교육연구소, 2014) – 에니어그램과 함께 영혼의 잠재력 발견하기 (한국에니어그램교육연구소, 2015)	윤운성 윤운성 외 윤운성 외 윤운성 외 윤운성 외 윤운성 윤운성 윤운성 윤운성 외 윤운성 윤운성 윤운성외 윤운성 윤운성 외 윤운성 외 윤운성

한국형에니어그램
코칭

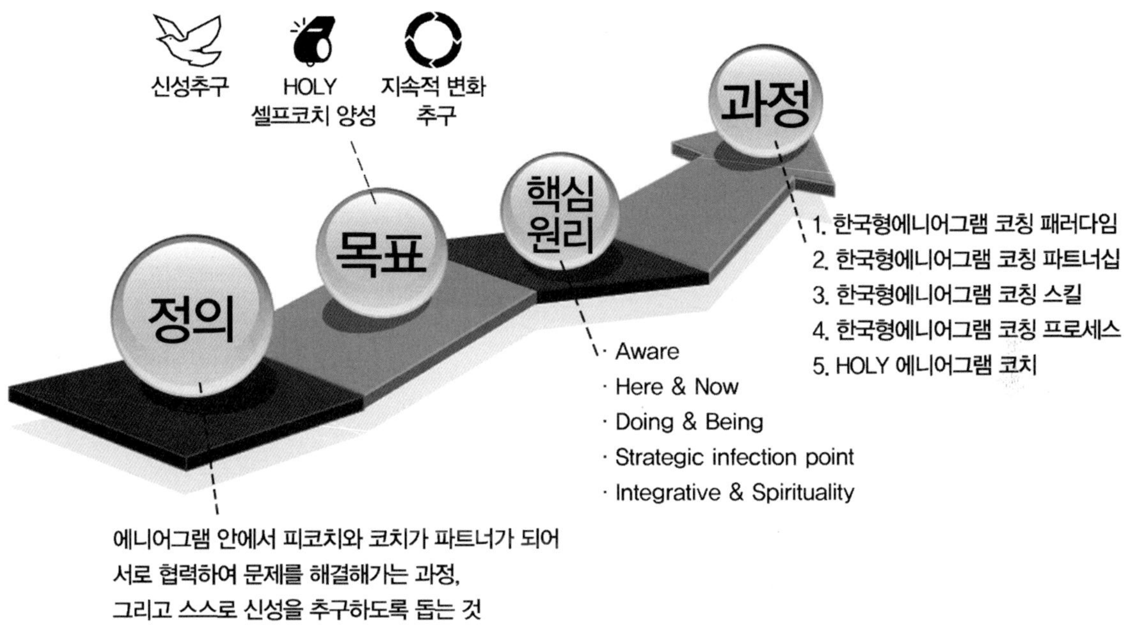

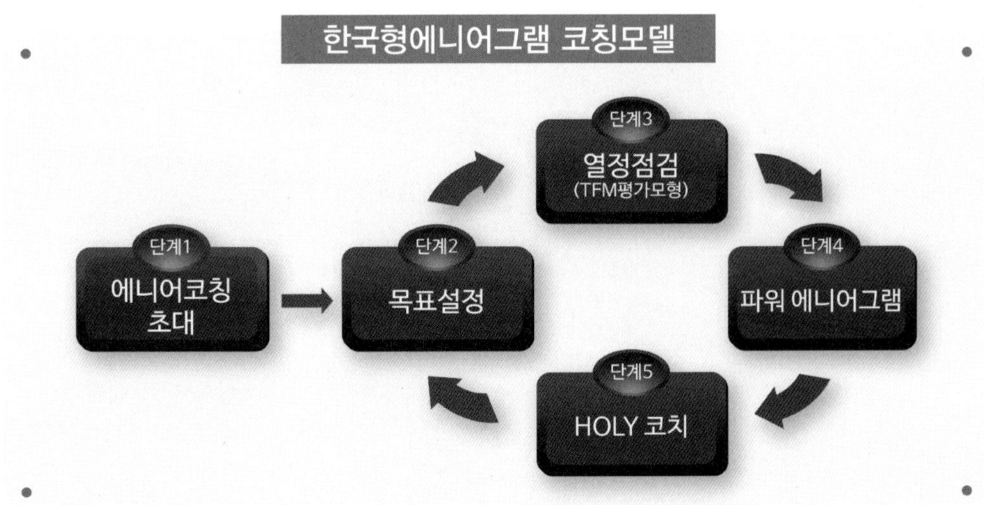

※ 한국에니어그램교육연구소에서는 한국형에니어그램 코치 양성을 위한 전문교육 프로그램을 운영하고 있다.
www.kenneagram.com

저자 소개

윤운성

- 미국 멤피스대학교(Univ. of Memphis) 대학원 교육심리 및 상담 전공(교육학박사)
- 미국 와싱톤주립대학교(Univ. of Washington) 연구 교수
- 선문대학교 상담심리사회복지학과 교수
- 한국형에니어그램성격유형검사(KEPTI)및 프로그램 개발자, 에니어그램 지능, 성공적인 자녀양육 9가지 성격, 지금 이순간을 자각하라. 에니어그램 명상, 에니어그램과 행복 등 저역서 다수

이지영

- 성신여자대학교 대학원 유아교육전공(교육학 박사)
- 사단법인 성심인성연구원 창의인성 · 아동발달소장
- 상담심리학회 수퍼바이저 및 상담심리사1급
- 한국에니어그램교육연구소 전임교수
- 숙명여대 학생상담센터 상담원
- 서울특별시청 EAP상담원
- 영화로 배우는 심리학개론, 에니어그램과 자기주도학습(공저), 신성한 사고의 에니어그램(공역) 등 저역서

조주영

- 충북대학교 대학원 아동복지(아동가족상담) 전공(문학박사)
- 백석대학교 사회복지학부 교수
- 한국에니어그램학회 부회장, 한국에니어그램교육연구소 연구개발국장 겸 전임교수
- 충청북도 ONE-STOP 지원센터 아동심리전문가 · 운영위원
- 한국상담학회 수련감독급 전문상담사(부부 · 가족상담) · 1급 전문상담사(아동 · 청소년, 정신보건)
- 한국형에니어그램 용어사전(공저), 에니어그램과 진로지도(공저), 에니어그램과 행복(공역), 에니어그램 성격유형(공역), 결혼과 가족(공저), 집단상담, 성과 윤리(공저), 행복의 선택, 행복의 계단등 저역서 다수

■

한국형에니어그램

코칭워크북

■

발행 / 2015년 5월 19일
인쇄 / 2021년 3월 31일 1판 2쇄
저자 / 윤운성, 이지영, 조주영
발행인 / 윤운성
펴낸곳 / 한국에니어그램교육연구소

■

출판등록 / 2008년 1월 28일 제 2010-12호
서울시 금천구 가산동 60-19 SJ테크노빌 1116호
TEL / 02)3446-3165　FAX / 02)515-6784
E-mail / help@kenneagram.com
Hompage / http://www.kenneagram.com

■

ISBN : 979-11-85115-15-3
값 / 15,000원

■

파본은 교환해 드립니다.

■